Ostmitteleuropa im Wandel

Christof Dahm/ Hans-Jakob Tebarth (Bearb.)

# Ostmitteleuropa im Wandel

## Möglichkeiten und Chancen zur Überwindung der Destabilisierung fünfzig Jahre nach Kriegsende

Kulturstiftung der deutschen Vertriebenen

Die Deutsche Bibliothek - Cip-Einheitsaufnahme

**Ostmitteleuropa im Wandel :** Möglichkeiten und Chancen zur Überwindung der Destabilisierung fünfzig Jahre nach Kriegsende. / Kulturstiftung der Deutschen Vertriebenen. Christof Dahm / Hans-Jakob Tebarth (Bearb.). – Bonn : Kulturstiftung der Dt. Vertriebenen, 1995

ISBN 3-88557-139-0

NE: Dahm, Christof [Bearb.]; Kulturstiftung der Deutschen Vertriebenen

Tagung und Publikation wurden durch das
Bundesministerium des Innern gefördert

1995
Kulturstiftung der deutschen Vertriebenen
53113 Bonn, Bonner Talweg 68

ISBN 3-88557-139-0
Herstellung:
Druckerei Plump KG - Rolandsecker Weg 33 - 53619 Rheinbreitbach

## Inhalt:

## Vorwort

Seit den politischen Umwälzungen in Ostmittel-, Ost- und Südosteuropa, die in den Zusammenbruch des Ostblocks und der Sowjetunion einmündeten, hat der Reformprozeß in den jungen Demokratien erhebliche Fortschritte gemacht. Dennoch sind die anstehenden Probleme sowohl im gesellschaftlichen und politischen als auch im wirtschaftlichen Bereich noch lange nicht gelöst. Die Geschehnisse auf dem Balkan und im Kaukasus weisen auf die ungelösten Volksgruppen- und Minderheitenfragen hin. Auch die wiedererstarkten kommunistischen Kräfte in fast allen Reformstaaten tragen kaum zur Stabilisierung der innenpolitischen Verhältnisse bei.

Die Kulturstiftung der deutschen Vertriebenen hat diese Fragen in ihrer zeitgeschichtlichen Fachtagung vom 23.-25. November 1994 in Bonn mit dem Rahmenthema "Ostmitteleuropa im postkommunistischen Wandel. Beiträge zur Bewältigung gesellschaftlicher, wirtschaftlicher und sicherheitsrelevanter Probleme" behandelt. Für die Förderung der Tagung durch das Bundesministerium des Innern sei an dieser Stelle gedankt. Die Referate werden hiermit der Öffentlichkeit in überarbeiteter Fassung vorgestellt.

Im Eröffnungsvortrag skizzierte Botho Kirsch, Deutsche Welle Köln, die kritische politische und gesellschaftliche Lage Rußlands, das trotz aller deutlich erkennbaren Gesundungszeichen noch einen weiten Weg bis zur dauerhaften Durchsetzung von Demokratie und Marktwirtschaft vor sich hat. Auf die geistigen Ursachen der gegenwärtigen Krise in Osteuropa, die auch in Westeuropa zu spüren sind, wies Professor Romuald Rak, Kattowitz, hin. Während dort der kommunistisch geprägte Totalitarismus in den Köpfen der Menschen nachwirkt, hat in Westeuropa ein jahrzehntelanger Materialismus nach Auffassung des Referenten ähnlich verheerende Auswirkungen auf das Bewußtsein der Menschen gehabt. Als Lösungsweg schlug er die Rückkehr zu den christlichen Wurzeln und Grundwerten Europas vor.

In einem zweiten Abschnitt der Tagung wurden innerstaatliche Problemfelder angesprochen. Professor Krystian Heffner, Schlesisches Institut Oppeln, demonstrierte anhand ausführlichen Zahlenmaterials den Stand der wirtschaftlichen Umgestaltung Polens und verdeutlichte seine Thesen am Beispiel der Umstrukturierung Schlesiens. Die darin mit angeschnittenen Fragen des Zusammenlebens verschiedener Völker und Volksgruppen leiteten über zu den Beiträgen von Dr. Dieter Bingen, Bundesinstitut für ostwissenschaftliche und internationale Studien Köln, der den Schwerpunkt seiner Ausführungen auf die Situation in Polen legte, und Dr. Peer Lange, Stiftung Wissenschaft und Politik Ebenhausen, der die Besonderheiten der Volksgruppensituation in Lettland und Estland herausarbeitete. Diese Beiträge lösten lebhafte, teils kontroverse Diskussionen aus, was auch für den Beitrag von Dr. Artur Hajnicz, Zentrum für internationale Beziehungen beim Senat Warschau, zutraf, der zu der erst in den letzten Monaten in Polen aufgeflammten Auseinandersetzung über das Faktum der Vertreibung Stellung nahm. Schließlich bot Hans Graf Huyn, Riedering, einen umfassenden Überblick über die Rolle Deutschlands in Europa, der sich besonders dem deutsch-russischen Verhältnis widmete.

Ein dritter Block der Tagung galt sicherheitspolitischen Fragestellungen. Dr. Alexander Uschakow, Hof, legte das Schwergewicht seiner Ausführungen auf die nach dem Ende des Kalten Krieges entstandenen neuen Sicherheitsstrukturen. Die polnische Sicht der gegenwärtigen europäischen Sicherheitslage wurde in einem zweiten Kurzreferat von Dr. Artur Hajnicz vorgelegt. Einen instruktiven Gesamtüberblick bot schließlich der Präsident der Bundesakademie für Sicherheitspolitik in Bonn, Admiral a. D. Dieter Wellershoff.

Zahlreiche Themen und Anregungen konnten nur kurz angeschnitten werden. Allen Beteiligten wurde damit deutlich, daß die in der Tagung behandelten Probleme weiterer Aufarbeitung und Vertiefung bedürfen. Die Entwicklungen in Ostmittel-, Ost- und Südosteuropa haben dies in den letzten zwölf Monaten bestätigt.

Bonn, im November 1995

Christof Dahm | Hans-Jakob Tebarth

Botho Kirsch

# Umbruch im Osten: Osteuropa zwischen Reform und Restauration

Der Zerfall des sowjetischen Weltreiches hat die politische Karte Europas schneller und gründlicher verändert, als selbst die kühnsten Optimisten noch vor wenigen Jahren annehmen konnten. Der Rückzug der russischen Garnisonen von Elbe und Donau ist die größte geostrategische Kräfteumwälzung, seit die "Großen Drei" – Stalin, Churchill und Roosevelt – Europa und die Welt im Februar 1945 in Jalta untereinander in Einflußzonen aufteilten. Die Deutschen verdanken ihr die Einheit in Freiheit. Die politische Achse Europas hat sich weit nach Osten verschoben. Deutschland und Berlin sind aus ihrer Randlage zum Eisernen Vorhang wieder auf ihren angestammten Platz in der Mitte Europas gerückt – mit allen Chancen, aber auch Gefahren, die sich daraus ergeben. Frühere Satelliten Moskaus wie Polen, Ungarn, Tschechen und Slowaken, Rumänen und Bulgaren müssen eine neue außenpolitische Ortsbestimmung vornehmen.

Aber auch weiter östlich vollziehen sich epochale Umbrüche, macht sich in den ehemaligen Gliedstaaten der Sowjetunion eine verstärkte Hinwendung zu nationalen Werten und Traditionen bemerkbar. Das eigentliche Ergebnis von über sieben Jahrzehnten Sowjethegemonie über Osteuropa ist ein ungebärdiger Nationalismus und ein ausgeprägtes Unabhängigkeitsbewußtsein der kleineren Völker in diesem Raum. Die nationale Idee erweist sich wieder einmal in diesem Jahrhundert als die stärkere Kraft, welche die Massen bewegt und Kräfte freisetzt, die eine rationalistische Ideologie wie der Marxismus-Leninismus nicht zu binden vermochte.

Angesichts des Völkermordens in den Schluchten des Balkans fällt es leicht, den Nationalismus zu verdammen. Doch das wiedererwachte Nationalgefühl der baltischen Völker, der Ukrainer, Georgier und Armenier, das so lange unter der grauen Asche des kommunistischen Alltags geglüht hat, ist nicht nur negativ zu sehen. Der Wunsch dieser Völker nach Eigenstaatlichkeit ist das Werk von Jahrhunderten. Immer mußten sie sich gegen stärkere und mächtigere Nachbarn wehren, die über die weiten Ebenen des Ostens über sie hereinbrachen: gegen Türken und Tataren, Schweden und Franzosen, Deutsche und Russen.

In der modernen Welt der Fernsehsatelliten und der Hochgeschwindigkeitsrechner gibt es eine durchgehende Tendenz zur Globalisierung und Integration in die arbeitsteilige Weltwirtschaft. Demgegenüber erscheint das Festhalten der kleineren Völker an ihrer eigenen Kultur und Staatlichkeit als hoffnungslos altmodisch und rückständig.

In Wirklichkeit handelt es sich um ein und denselben Prozeß. Je mehr die Welt zu einer Einheit zusammenwächst, desto stärker das eigene Wertbewußtsein, umso ausgeprägter die Neigung, den eigenen Lebensraum gegen als schädlich empfundene Fremdeinflüsse, Kriege und Umweltkatastrophen zu verteidigen, um das Lebensrecht des eigenen Volkes zu sichern. Darum haben Unabhängigkeitsbewußtsein und Nationalgefühl der kleineren Völker Osteuropas Signalwirkung für ganz Europa.

Schon Karl Marx unterschied zwischen dem Nationalismus der Unterdrücker und dem der Unterdrückten. Was häufig als ungebärdiger Nationalismus erscheint, ist vielfach nur ein ausgeprägtes Stammes- und Regionalbewußtsein, wie man es auch unter dem Dach des Nationalstaates in Westeuropa antrifft – von Sachsen und Bayern bis zu Flamen und Wallonen, Schotten und Bretonen, Elsässern und Südtirolern. Was Ungarn und Slowaken, Deutsche und Tschechen, Kroaten und Slowenen eint, ist weit stärker als das, was sie trennt. Jahrhunderte lang haben diese Völker in dem weiten Raum zwischen Ostsee und Schwarzem Meer, Alpen und Adria friedlich zusammengelebt, durcheinander geheiratet, gestritten und sich wieder versöhnt, bis das Vorherrschaftsstreben der Großmächte trennte, was ursprünglich einmal zusammengehört hat.

So ist Rußland als letzte europäische Hegemonialmacht zum eigentlichen Verlierer des Kalten Krieges geworden, den seine Führer mit so viel blindem Eifer und Leidenschaft geführt und geschürt haben. Alle anderen Völker des Ostens haben ihre Staatlichkeit wiedergewonnen oder neu begründet. Allein die Russen haben mit ihrem Reich auch ihren Staat verloren. Anders als die in Stämmen zersplitterten Deutschen, siedeln sie weit verstreut über die riesige Landmasse des Ostens inmitten eines Meeres fremdstämmiger Völker. Ihr Nationalbewußtsein war daher auch immer ein Reichsbewußtsein.

Noch ist Rußland dank seiner Atomwaffen eine Großmacht, doch kaum mehr eine Supermacht. Es fehlt das wirtschaftliche Unterfutter, um diesen Anspruch zu stützen. Noch haben sich die Russen nicht mit dem Verlust des Baltikums, ihrem "Fenster zur Ostsee", abgefunden, da drohen neue Konflikte an der Südflanke des ehemaligen Reiches – dort, wo Orient und Okzident aufeinanderstoßen. Doch erst das Ausscheren der Ukraine aus dem Russischen Reichsverband, dem sie dreieinhalb Jahrhunderte angehört hat, versetzte dem russischen Selbstbewußtsein einen tiefen, traumatischen Schock.

Rußland sieht sich somit auf den Ausgangspunkt seiner neueren Geschichte zurückgeworfen. Smolensk, die Mutter der russischen Städte, Wolgograd, das Symbol des Sieges über Hitler-Deutschland, und Rostow am Don sind aus ihrer komfortablen Mittellage urplötzlich an den westlichen Rand des ehemaligen Reiches gerückt. Ein litauisch-polnischer Sperriegel trennt zudem, wie einst im Mittelalter, Rußland von Europa – seinen Mächten und Märkten, seiner Kultur und Zivilisation – und verstärkt Bedrohungsängste und Sicherheitskomplexe.

Rußlands Grenzen liegen nicht mehr, wie vier Nachkriegsjahrzehnte lang, an Elbe und Donau. Sie sind anderthalb Tausend Kilometer weit nach Osten weggerückt. Rußland ist dorthin zurückgekehrt, von wo aus die Moskauer Großfürsten im 15. und 16. Jahrhundert aufbrachen, um die russische Erde zu sammeln: an den östlichen Rand Europas und in die Weiten Asiens, seiner natürlichen Ausdehnungsrichtung und seiner eigentlichen historischen Bestimmung.

Tatsächlich erinnert die Lage in Rußland heute in vielem an das Schicksal der Weimarer Republik: eine durch außenpolitische Niederlagen gedemütigte Großmacht, der Verlust der Kolonien und alter Reichsteile, dazu eine drückende Reparationslast – vergleichbar der Auslandsschuld der alten UdSSR, die alle drei Monate umgeschuldet werden muß; ferner wirtschaftliches Chaos, in dem einige Spekulanten reich werden, die große Masse aber kaum das Nötigste zum Leben hat; und als Folge davon ein heftiger Nationalismus, gepaart mit Demokratiefeindlichkeit und Antisemitismus. Es ist die gleiche explosive Mischung, die 1933 in Deutschland Adolf Hitler den Weg an die Macht bahnte.

Heute erleben Millionen Menschen in Rußland die ersehnte Freiheit als gesetzlose Anarchie, die Demokratie als Demagogie und die Marktwirtschaft als unsoziale Ellenbogengesellschaft. Und mit Wladimir Schirinowski steht ein Mann vor den Kremltoren, dessen Aufstieg aus dem Nichts zur zweitstärksten Kraft in der neu gewählten Duma, dem russischen Parlament, auf fatale Weise an den Durchbruch Hitlers bei den Reichstagswahlen im September 1930 erinnert, als die NSDAP von 12 auf 107 Sitze sprang.

Tatsächlich sind die Kommunisten in ganz Osteuropa bisher nirgends vollständig von der Macht verdrängt worden. Sie erweisen sich vielmehr als wahre Überlebenskünstler, spielen auf Zeitgewinn und suchen neue Methoden der Anpassung. Sie sind bereit, fast jede Kröte zu schlucken, um wenigstens einen Zipfel ihrer früheren Macht festzuhalten. Mal schlüpfen sie in die Haut von Nationalpatrioten. Dann wieder tarnen sie sich als soziale Protestpartei oder flüchten als demokratische Sozialisten unter das schützende Dach der 'Sozintern', den weltweiten Zusammenschluß der sozialdemokratischen Parteien. Oder sie streben, wie in Rumänien, unter der Tarnkappe einer "nationalen Rettungsfront" wieder an die Macht zurück. Und gewinnen sogar, wie in Polen, Litauen, Weißrußland, der Ukraine, Ungarn und in Serbien eine Mehrheit in freien Wahlen.

Kein Wunder, daß Lenins Jünger und Stalins Enkel sich auch in Rußland neue Chancen ausrechnen. Schon heute zählt die nach dem August-Putsch von 1991 zunächst verbotene, dann wiederzugelassene KP Rußlands unter ihrem umtriebigen Vorsitzenden Gennadij Sjuganow über eine halbe Million Mitglieder. Sie gilt als stärkste und bestorganisierte Kraft des Landes. In der Staatsduma errang sie bei den Dezemberwahlen [1993] 52 Sitze und bildet zusammen mit den 33 Abgeordneten der ihr geistesverwandten Agrarpartei einen starken Stimmenblock der extremen Linken.

Befreit von dem Makel der Sowjethörigkeit, mauserten sich zudem die demokratisch gewendeten Kommunisten vielerorts zu Populisten, denen nichts so sehr am Herzen liegt wie das Wohl des kleinen Mannes. So erklären sich auch die Wahlerfolge der PDS in den neuen Ländern. Nur in fünf von 27 Staaten des ehemaligen Ostblocks haben die Kommunisten nichts zu melden. Überall sonst sitzen sie entweder in der Regierung oder mischen im Hintergrund kräftig mit. Jelzin sah sich bei der jüngsten Regierungsumbildung in Moskau sogar gezwungen, einen Kommunisten zum Justizminister zu ernennen. "Was wäre wohl mit Adenauer passiert", kommentierte eine große Moskauer Tageszeitung, "wenn er wenige Jahre nach dem Zusammenbruch des Nazi-Regimes um der nationalen Versöhnung willen einen Faschisten in sein Kabinett aufgenommen hätte?"

Chaos und Zerfall waren immer ein günstiger Nährboden für Extremisten aller Art. Geschockt von den Schwierigkeiten der Übergangsphase, geschlagen von Inflation und Arbeitslosigkeit sehnen sich Millionen Menschen in Osteuropa in die vermeintliche Sicherheit des kommunistischen Fürsorgestaates zurück, wo jeder einen festen Arbeitsplatz und ein bescheidenes, aber sicheres Einkommen hatte, ohne, wie heute, um seine persönliche Sicherheit fürchten zu müssen.

Sicher sollte man einen Demagogen wie Schirinowski nicht überschätzen. Aber er spricht aus, was Millionen denken. Und er verfügt über das Charisma eines politischen Führers. Unsichere Zeiten spülen Existenzen an die Oberfläche, von denen sich der Normalbürger solange nichts träumen läßt, bis es wieder einmal zu spät ist. Leicht könnte in unseren Tagen eine Vision Wirklichkeit werden, die der Philosoph Oswald Spengler vor sechzig Jahren in die Worte faßte: "Wie, wenn sich eines Tages Klassenkampf und Rassenkampf zusammenschließen, um mit der weißen Welt ein Ende zu machen? Keine der beiden Revolutionen wird die Hilfe der anderen verschmähen, nur weil sie deren Träger verachtet. Gemeinsamer Haß löscht gegenseitige Verachtung aus. Und wie, wenn sich an ihre Spitze ein weißer Abenteurer stellte, dessen wilde Seele im Treibhaus der Zivilisation nicht atmen konnte und in gewagten Kolonialunternehmen sich an Gefahren zu sättigen suchte, bis er plötzlich ein großes Ziel vor Augen sieht?"

Heute haben wir in Rußland eine breite Koalition von Nationalisten, Neobolschewisten und Rechtsextremisten. In der Duma verfügt sie über eine solide Mehrheit. Einig ist sie sich darin, daß Rußlands Heil nicht in einer Übernahme des parlamentarischen Systems des Westens liegt, sondern in der Rückbesinnung auf die östlichen Traditionen der Selbstherrschaft und eines starken Staates. Das geistige Band, das Rote und Braune verknüpft, ist die Vision eines großen und starken Imperiums – sei es als eine Wiedergeburt der alten Sowjetunion oder als eine Neuauflage des Zarenreiches.

Unter dem Ansturm dieser reaktionär-chauvinistischen Kräfte hat sich die russische Außenpolitik in letzter Zeit spürbar verhärtet. Noch ist das Land militärisch schwach und wirtschaftlich zerrüttet. Doch Rußland schien in seiner tausendjährigen Geschichte mehr als einmal erledigt und kam immer wieder auf die Beine, um seine alte Politik des "Sammelns der russischen Erde" wiederaufzunehmen.

Denn es verfügt über mächtige Trümpfe. Es hat strategische Rohstoffe wie Erdöl, Erdgas, Atomstrom – und die Bombe. Seine Führer befleißigen sich schon wieder einer Sprache, welche die Welt eigentlich aufhorchen lassen müßte. So, wenn Boris Jelzin vor der Vollversammlung der Vereinten Nationen die "Blutsverwandtschaft" zwischen Rußland und den früheren Gliedstaaten der Union preist. Sie sei enger als eine "normale Nachbarschaft". In der russischen, nicht in der westlichen Presse fand sich dazu der passende Kommentar: Freunde oder gute Nachbarn könne man sich aussuchen, Blutsverwandte nicht.

Gefährdet ist vor allem die Unabhängigkeit der neuen Staaten, die sich vom russischen Reichsverband gelöst haben – und die als "nahes Ausland" bezeichnet werden. Diese Länder könnten sich glücklich schätzen, im Einflußbereich einer Großmacht zu leben, meinte in einem Zeitungsinterview Konstantin Satulin, der Vorsitzende des einflußreichen Parlamentsausschusses für Angelegenheiten der GUS-Staaten. Die Politik in der Gemeinschaft Unabhängiger Staaten sei russische Innenpolitik, ob einem das passe oder nicht. "Bei allem Respekt vor diesen Staaten, viele von ihnen sind dazu verdammt, unsere Satelliten zu sein oder unterzugehen."

In einem Papier des Auslandsnachrichtendienstes der Russischen Föderation – der Nachfolgeorganisation des KGB – wird die angestrebte Reintegration dieser Staaten mit wirtschaftlichen Notwendigkeiten begründet – mit den über Jahrzehnte hindurch gewachsenen Strukturen der Zusammenarbeit zwischen den Betrieben und Industriezweigen, den Beziehungen zwischen Rohstofflieferanten und ihren Abnehmern, den gleichen technischen Standards und der fehlenden Wettbewerbsfähigkeit der meisten russischen Industrieprodukte auf den Weltmärkten.

Nun sind die hier beschworenen "gewachsenen Strukturen " nicht das Ergebnis normaler Investitionsentscheidungen. Die Industriegiganten in der Ukraine, im Ural und in Westsibirien verdanken ihre Existenz größtenteils der politischen Zielsetzung der Partei, in kürzester Frist ohne Rücksicht auf Menschen, Kosten und Material eine schwerindustrielle Basis als Grundlage für die angestrebte Weltmachtstellung zu schaffen. Ein geradezu frühkapitalistisch anmutender Raubbau an der Natur sowie die rücksichtslose Ausbeutung der menschlichen Arbeitskraft haben die Lebensgrundlagen der Nation zerstört. Im Ergebnis ist Rußland auf das Niveau eines Landes der Dritten Welt herabgesunken: eines Obervolta mit Atomraketen. Wer daher diese Strukturen auf dem Wege der Reintegration festschreiben will, verdammt Rußland auf weitere Jahrzehnte hinaus zu wirtschaftlicher Rückständigkeit und drängt das Land erneut auf den Weg der extensiven Entwicklung und letztlich der militärischen Expansion.

Es dürfte kaum ein Zufall sein, daß die schwersten politischen und militärischen Auseinandersetzungen in den ehemaligen Sowjetrepubliken zu verzeichnen sind, die sich 1991 beim Auseinanderbrechen der UdSSR der Gemeinschaft Unabhängiger Staaten nicht angeschlossen haben. Dabei zeichnet sich ein sorgfältig abgestuftes Vorgehen ab. Rußland strebt gegenüber seinen Nachbarn im "nahen Ausland" entweder

- ein vertraglich abgesichertes Schutzmacht-Verhältnis an, wie es zur Blütezeit des Hitler-Stalin-Paktes zwischen Oktober 1939 und Juni 1940 bestand, ehe das Baltikum im Juni 1940 von der Roten Armee besetzt und zwangsweise in das sowjetische Großreich eingegliedert wurde;
- oder es arbeitet auf ein Protektoratsverhältnis hin, wie es im Kaukasus und in Zentralasien auch zur Zarenzeit bestand;
- oder es anerkennt die formale Unabhängigkeit solcher Staaten wie der Ukraine, Weißrußlands, Georgiens und Aserbaidschans, unterminiert aber gleichzeitig deren Grundlagen – frei nach einem Wort Lenins: "Wenn man etwas fangen will, muß man es zuerst loslassen!"

Auch diese Doppeltaktik kann sich auf bewährte Vorbilder stützen. Im Brester Frieden [Brest-Litowsk 1918] hatte Lenin vorexerziert, wie man Raum aufgibt, um Zeit zu gewinnen. Er opferte ein Drittel des alten Zarenreiches, um Rußland für den Kommunismus zu retten. Die Ukraine wurde damals ebenso unabhängig wie Finnland, die baltischen Staaten, Polen und Georgien. Doch nur zwanzig Jahre später stand die Rote Armee wieder an der Ostsee, wehte die Rote Fahne über Lemberg, rollten die Deportationszüge gen Osten.

Heute sind Ansatzpunkte für eine russische Interventionspolitik der Streit um die Aufstellung der Atomwaffen, die Aufteilung der Schwarzmeerflotte, Grenzkonflikte und Minderheitenprobleme, aber auch die Abhängigkeit der neuen Staaten von russischen Rohstoffen und Energiezufuhren. Sie werden als Waffen eingesetzt, um Wohlverhalten zu erzwingen und verlorene Positionen zurückzugewinnen. Und wenn alles nicht hilft, bedient man sich der jugoslawischen Methode, die ihre Wirksamkeit im Balkankrieg mehr als einmal bewiesen hat: Die politische und militärische Führung in Moskau überläßt das Feld den örtlichen Militärkommandanten.

Während man sich im Kreml wortreich von dem allzu ungestümen Vorpreschen nationalistischer Heißsporne – "Extremisten" – distanziert, sorgen diese für Nachschub und Munition, um abgefallene Reichsteile wieder unter die Kontrolle der Zentrale zu bringen. Moskau hat den Konflikt im Kaukasus bewußt geschürt, um die strategisch wichtige Schwarzmeerküste wieder in die Hand zu bekommen. Ebenso schossen sich die von russischen Waffen unterstützten Armenier in Berg-Karabach von Sieg zu Sieg und erzwangen so den Machtwechsel in Baku mit seinen reichen Erdölvorkommen zugunsten Moskaus. Die gleiche Funktion erfüllen die 14. Armee im Dnjestr-Gebiet und die 201. Motorisierte Schützendivision im Süden Tadschikistans, die das dortige Nomenklatura-Regime im Sattel hält.

Immer ging die Einmischung in die inneren Angelegenheiten der Nachbarländer der russischen Eroberung voraus, dehnte sich Rußland entlang der Linie des geringsten Widerstandes aus – so wie ein Ölfleck sich ausbreitet, bis er an eine feste Grenze stößt. In seiner ganzen langen Geschichte hat Rußland nie einen überlegenen Gegner angegriffen. Seine Taktik ist die schleichende Unterwanderung, nicht der Frontalangriff. Freimütig bekannte Wladimir Schumeiko, der Präsident des Föderationsrates, der Zweiten Kammer des Parlaments, in einem Interview mit der "Süddeutschen Zeitung": "Die Nation der Russen im geschichtlich-philosophischen Sinne war immer expansiv. Dabei hat Rußland nie andere Staaten erobert, sondern sie aufgesogen. Mit dem Zusammenbruch der Sowjetunion hat Rußland erstmals in seiner Geschichte Territorium verloren. Das ist ein psychologischer Schock für die ganze Nation!"

So ist es verständlich, daß in den Staaten des "nahen Auslands" die Befürchtungen vor einer härteren Gangart Moskaus in der Außenpolitik wachsen. Verständlich ist daher ihr Wunsch, in die NATO aufgenommen zu werden. Verständlich ist auch die zögernde Haltung der Ukrainer und der Weißrussen, die noch in ihrem Besitz befindlichen Atomwaffen Moskau vollständig zur Verschrottung auszuliefern.

Vor allem die Ukraine, aber auch Polen und die baltischen Staaten möchten aus ihrer unbequemen Lage als östliche Frontstaaten herauskommen. Sie streben mit aller Macht in die Mitte Europas, wo sie nach Geschichte, Kultur und Religion hingehören. Zusammen mit Bulgaren und Rumänen bilden sie das östliche Zwischeneuropa – Puffer und Sicherheitsglacis zugleich, aber auch Sperriegel gegen ein mögliches Ausgreifen Rußlands nach Westen.

Umso kurzsichtiger wirkt vor diesem Hintergrund die westliche Hinhaltetaktik gegenüber den Beitrittswünschen der Osteuropäer. Von einer Zugehörigkeit dieser Reformstaaten zur NATO geht keine Bedrohung für Rußland aus. Erstens haben Polen, Tschechien und Ungarn keine gemeinsamen Grenzen mit Rußland. Zweitens hat gerade die Einbindung der Bundesrepublik in das westliche Verteidigungsbündnis Moskau die Zustimmung zur deutschen Einheit und damit zu einer ersten Osterweiterung der NATO erleichtert. Drittens würden die osteuropäischen Reformstaaten ebenso unter die Sicherheitsgarantie der NATO fallen, die bekanntlich erfunden wurde, um die Amerikaner drin, die Russen draußen und die Deutschen unten zu halten. In Moskau weiß man nur zu genau, daß die NATO auch für Ruhe an der Westfront Moskaus gut ist, sollte es einmal zu einem Konflikt mit China kommen.

Und das Sicherheitsbedürfnis Schirinowskis ist ohnehin erst befriedigt, wenn Rußland – wie er in seinem Buch "Der letzte Sprung" schreibt – an die vier Weltmeere grenzt: das Nördliche Eismeer im Norden, den Stillen Ozean im Osten, die Ostsee im Westen und durch das Mittelmeer und das Schwarze Meer an den Indischen Ozean im Süden. Noch sind das Fieberphantasien eines Teppichbeißers, wie es in diesem Jahrhundert schon einmal einen gab. Wer so redet wie Schirinowski, muß rechtzeitig gestoppt werden, ehe er größeres Unheil anrichten kann. Wenn Demokraten – sei es in Moskau oder im Westen – nicht mehr die Kraft aufbringen zum solidarischen Handeln, dann schlägt wieder einmal die Stunde der "starken Männer" mit ihren einfachen, aber brutalen Rezepten. Auch ein Schirinowski schwärmt bereits von ethnischen Säuberungen, einer natürlichen Auslese der Arten durch Kriege, Seuchen und Hungersnöte.

Die deutsche Politik sollte daher alles meiden, was sie in eine unerwünschte Nähe zu russischen Goßmachtbestrebungen bringt. Die Wiederherstellung des Russischen Reiches liegt schon deshalb nicht im deutschen und im europäischen Interesse, weil jede Großmachtpolitik Gewaltpolitik ist. Mißverständliche Begriffe wie die Jelzin-Doktrin vom "nahen Ausland" passen nicht in das nachkoloniale Zeitalter, das 1945 endgültig zu Ende gegangen ist.

Auch die Zukunft Rußlands liegt nicht im Rausch der äußeren Expansion, sondern in der Entwicklung seiner inneren Kräfte und Ressourcen. Rußland ist weder Vormacht in Osteuropa noch Ordnungsmacht auf dem eurasischen Kontinent oder Schutzmacht der Serben auf dem Balkan. Wenn Rußland etwas anderes will und für sich Rechte und Privilegien beansprucht, die es anderen nicht zugestehen will, muß die Völkergemeinschaft Moskau beizeiten an die Grenzen seiner Macht erinnern. Wären die Serben – auch sie eine regionale Vormacht –, als sie mit ihren weittragenden Geschützen Dubrownik, ein Kleinod der europäischen Kultur, beschossen, an diese Grenze gestoßen – Rußland wäre erst gar nicht in Versuchung geraten, sich als "Schutzmacht" Belgrads aufzuspielen – und die NATO hätte heute ein paar Sorgen weniger.

Es gibt eine lange Tradition westlichen Nichthandelns durch Wegsehen, Wegducken, Besänftigen. Spanien 1936 war eine solche Gelegenheit – und München 1938. Beide

Male hat das demokratische Europa weggeschaut; um sich seinen Alltagsgeschäften zu widmen. "Friede in unserer Zeit", hieß die vielumjubelte Parole. Die Europäer sind dadurch auch mitschuldig geworden an Hitler und dem Zweiten Weltkrieg, dem Judenmord und den Vertreibungsverbrechen, die damals noch nicht "ethnische Säuberungen" genannt wurden. "Appeasement" hieß diese Politik – und heißt sie heute wieder.

Immer hat man beschwichtigt und verhandelt statt gehandelt. Erst warf man Stalin in Jalta halb Deutschland und ganz Osteuropa in den Rachen. Dann besänftigte man Chruschtschow mit Koexistenz, Breschnew mit Ostpolitik und Gorbatschow mit Wirtschaftshilfe. Hätte man sich ein einziges Mal aufgerafft und gehandelt – Deutschland und Europa wäre viel erspart worden. Wie Alexander Solschenizyn in seiner Nobelrede richtig bemerkt hat: "Der Preis der Feigheit ist immer nur das Böse!"

Rußland ist zu groß, um für den Westen ein bequemer und pflegeleichter Partner zu sein. Ein selbstbewußtes Rußland ist sicher nicht zwangsläufig auch ein bedrohliches Rußland. Sollten aber die Reformen in Moskau endgültig scheitern, dann droht dem Westen nach den Worten des amerikanischen Außenministers Warren Christopher ein "neuer Alptraum der Finsternis". Schon jetzt irren zwei Millionen Flüchtlinge durch die Weiten Rußlands, auf der Suche nach Arbeit und Unterkunft, ohne soziales Netz – Opfer innerer Wirren, die im Süden der ehemaligen Union bereits die Form eines offenen Bürgerkrieges angenommen haben.

Noch hat sich die Kriegsfurie nicht an das russische Kernland herangetastet. Aber das Land ist vollgestopft mit Waffen, aufgeladen mit Haß und Gewaltbereitschaft. Fast täglich kommt es in den Straßen Moskaus zu Schießereien zwischen verfeindeten Banden. Für nur 5000 Dollar kann man einen Killer mieten, der jeden aus dem Wege räumt, der den Mafia-Bossen in die Quere kommt. Hunderte von Wirtschaftsführern und Dutzende von Journalisten sind auf diese Weise regelrecht hingerichtet worden. Es gibt "ethnische Säuberungen", nicht weniger grausam als auf dem Balkan. Es wüten Epidemien, Atomkraftwerke lavieren am Rande des Zusammenbruchs, ganze Verkehrsnetze versagen ihren Dienst. Dreimal entging die Präsidentenmaschine Jelzins knapp einer Katastrophe, weil das elektronische Flugleitsystem wegen Strommangels ausfiel. Über die staatliche Luftverkehrsgesellschaft "Aeroflot" spotten westliche Reisende als "Aeroschrott".

Der Westen aber schaut weg, weil er seine Ruhe haben möchte und all das im Fernsehen nicht vorkommt. Die Weichspüler sind schon wieder unterwegs. Der Patient heißt Rußland, die Therapie Besänftigung. Man dürfe auf Rußland und die Russen nicht herabblicken, sondern müsse es in die westlichen Strukturen einbinden, indem man ihm wirtschaftlich hilft und dadurch sein Selbstwertgefühl stärkt. Der Kanzler steuerte sogar einen Rat seiner Mutter bei: "Wenn es den Leuten gut geht, mußt du nicht hingehen, aber wenn es ihnen schlecht geht, mußt du 'Grüß Gott!' sagen. Das gilt auch in die Politik!"

Es ist diese leutselige Herablassung des reichen und satten Westens, die zu immer neuen Erpressungen geradezu einlädt, auf dem Balkan ebenso wie im Osten Europas. Vielleicht sollte man es einmal mit einer anderen Lebensweisheit versuchen. Der frühere estnische Regierungschef Mart Laar hat sie in die Worte gefaßt: Man dürfe Rußland und die Russen nicht wie verwöhnte Kinder behandeln, denen Vorwürfe und Schelte nicht zuzumuten seien. Solche Kinder würden später ungehorsame, arrogante und tyrannische Erwachsene!

Wer Jelzin und Rußland helfen will, sollte nicht die Selbstwertgefühle der Ewiggestrigen stärken. Hilfe – moralische und publizistische Hilfe haben die russischen Demokraten bitter nötig. Mit allen ihren Kräften stemmen sie sich, oft unter Aufopferung des eigenen Lebens, der rot-braunen Welle entgegen. Wer Rußland helfen will, muß nicht nur Ja sagen zu Demokratie und Marktwirtschaft. Er muß auch Nein sagen können zu einer Politik der Einflußsphären und Interessengebiete; Nein zu der Jelzin-Doktrin vom "nahen Ausland"; Nein zu Antisemitismus und Nationalchauvinismus; Nein zu Schirinowski und seinen Allmachtphantasien.

Zusammenarbeit in Europa, Vertrauensbildung, neue Stabilität, Suche nach gemeinsamen Überlebensstrategien – wohlklingende Vokabeln aus dem ostpolitischen Wunschkatalog Bonns – all das setzt voraus, daß Moskau die Apparate und Strukturen seiner sozialen und nationalen Fremdherrschaft abbaut, im "nahen Ausland" ebenso wie im eigenen Vielvölkerstaat.

Neues Denken kann im ausgehenden 20. Jahrhundert nicht mehr altes Hegemonialdenken sein. Das Zeitalter des Imperialismus mit seinen Annexionen und Okkupationen, den Protektoraten und Einflußsphären gehört endgültig der Vergangenheit an. Rußland ist groß und stark genug, um seine Sicherheit innerhalb seiner eigenen Grenzen zu gewährleisten. Es braucht, ebensowenig wie Deutschland, besondere Sicherheitszonen, Interessensphären oder Sonderbündnisse.

Die nationale Aufbruchstimmung in den Ländern Ostmitteleuropas bietet die Chance, zusammenwachsen zu lassen, was geschichtlich immer zusammengehört hat. Mit der Auflösung des Warschauer Paktes und des östlichen Rates für Gegenseitige Wirtschaftshilfe ist ein Machtvakuum entstanden, das die neuen Reformstaaten nicht mit eigenen Kräften ausfüllen können. Sie schauen auf Deutschland als Brücke nach Europa. Eine neue europäische Friedensordnung mit offenen Grenzen wird Deutschen und Polen, Ungarn und Tschechen, Serben und Kroaten den Verzicht auf historische Stammlande und nationale Ambitionen erleichtern.

Für manchen mag ein "Europa der Regionen" heute noch Zukunftsmusik sein. Doch in einer immer enger werdenden Welt haben die Europäer keine andere Wahl, als sich zu einer größeren Einheit zusammenzuschließen, wenn sie im 21. Jahrhundert in Frieden und Freiheit überleben wollen.

**Romuald Rak**

# Die geistige Krise in Europa
## Beiträge zu ihrer Überwindung und zur Verständigung der Völker

Am 12. Dezember 1991 hielt ich an der Katholischen Fakultät der Universität Augsburg einen Gastvortrag über den "Homo sovieticus". Im Vortrag ging es nicht nur um die weitere Existenz dieses schwerwiegenden Begriffes, der noch nicht von der Oberfläche der postkommunistischen Länder verschwunden ist, ich versuchte auch auf ein paar Aufgaben hinzuweisen, die immer noch auf uns alle warten.[1]

Das Thema des jetzigen Vortrages sehe ich als eine Erweiterung des dmaligen an. Der "homo sovieticus" erscheint nur als eine der Ursachen, welche die geistige Krise Europas hervorgerufen haben. Diese wird noch lange Zeit auf die Menschen einwirken. Es gibt noch andere Ursachen für den Zustand, in dem sich Europa heute befindet. Im folgenden möchte ich sie zusammenstellen und danach Möglichkeiten zu ihrer Überwindung suchen.

Von Hause aus bin ich weder Politiker noch Soziologe, sondern seit 33 Jahren Professor für Pastoraltheologie an der Katholischen Universität in Lublin, die sich grundsätzlich mit den Problemen des Atheismus beschäftigt und auseinandergesetzt hat. Ich und meine Kollegen, auch die der philosophischen Fakultät, z.B. der Ethiker Karol Wojtyła und sein Nachfolger Tadeusz Styczeń, haben uns die Frage gestellt, wie man das Volk vor dem programmierten Atheismus schützen, vor einem zu plötzlichen Zusammenstoß mit dem Wohlstand und der freien Marktwirtschaft bewahren kann. Als Pastoraltheologe habe ich mir vorgenommen, immer auf dem Grund des Evangeliums zu stehen und in Anknüpfung an das Magisterium der Kirche die Lehre weiter zu vermitteln. Diese Tendenz werden Sie in meinen Ausführungen sicher feststellen.

Zunächst möchte ich die Ursachen der geistigen Krise in Europa mitsamt ihrer Folgen zusammenstellen, um dann zu versuchen, auf die Möglichkeiten ihrer Überwindung hinzuweisen, die m.E. auch Beiträge zu einer Völkerverständigung in Europa sein können.

## I. Die Ursachen der geistigen Krise in Europa und ihre Folgen

### *1. Die Utopien des 19. und 20. Jahrhunderts*

An erster Stelle möchte ich von den Utopien des 19. und 20. Jahrhunderts sprechen, die zu den verschiedenen Arten des Totalitarismus geführt haben und noch weiter führen können. Sie sind, wie Papst Johannes Paul II. bemerkt hat, noch nicht vollständig besiegt, und das drängt uns alle zu einem erneuten Bemühen um Zusammenarbeit und

---

1 Romuald Rak, Die Überwindung des homo sovieticus – eine ethisch-pastorale Aufgabe, in: Oberschlesisches Jahrbuch 8 (1992), S. 175-198.

Solidarität zwischen allen Ländern.[2] Neben diesen herkömmlichen Arten des Totalitarismus haben wir es mit neuen, moderneren Arten zu tun. Und zu ihnen gesellen sich dann weitere, die wir heute als "mystische" Utopien bezeichnen. Diese zeigen ebenfalls die Tendenz, sich in einen Totalitarismus umzuwandeln.

### *a) Die herkömmlichen Arten des Totalitarismus*

Im Augsburger Vortrag habe ich den sowjetischen Totalitarismus deutlich als Ursache der europäischen Krise exponiert. Er hat seine Vorgeschichte, die durch die marxistische Philosophie, die Schwäche des zaristischen Systems und auch die Schwäche der russisch-orthodoxen Kirche entstanden ist. Die letzte Schwäche bewirkte, daß die Menschen in Rußland keine Widerstandskraft hatten, um sich dem marxistischen Atheismus widersetzen zu können.

Die zweite Art des Totalitarismus hat im Faschismus, Rassismus und im Nationalsozialismus Niederschlag gefunden. Auch er hatte seine Vorgeschichte, wir kennen sie: die Philosophie von Nietzsche und Rosenberg und anderen Philosophen und Theoretikern. Dazu kam die wirtschaftliche Lage mit Arbeitslosigkeit und Elendszonen in der Weimarer Republik. Auch die Haltung der Kirchen hat zum Sieg des Nationalsozialismus geführt. Die Katholische Soziallehre war unbekannt. Wie wir wissen, trat sie amtlich erst im Jahre 1891 in Erscheinung, obwohl sie gerade in Deutschland durch die Tätigkeit von Bischof Kettelers, durch deutsche katholische Arbeiterbewegungen und Vereinigungen, auch durch wissenschaftliche Laien-Studien, vorbereitet war, aber das "Neue" brach in Europa zu schnell herein. Der Erste Weltkrieg war auch ein großes Hindernis für die Verbreitung der Katholischen Soziallehre, so daß viele die ganze Tragödie des Jahres 1933 nicht erkannt haben. Die Kirchen wollten auf die Demokratie bauen, vergaßen aber, daß die sogenannte "Mehrheit" in den Parlamenten der Minderheit schnell Rechte und Freiheiten rauben kann, wenn sie nicht zugleich die Wahrheit vertritt. Darum auch die anfängliche Bereitschaft zur Mitarbeit der Kirchen mit dieser Art des Totalitarismus.

Die Evangelische Kirche hat die Soziallehre nicht so entfaltet wie die Katholische, deshalb war ihre Mitarbeit intensiver. Dieser Umstand war um so schwerwiegender, weil die Lutherische Kirche in Norddeutschland eine Art Staatskirche war. Man braucht sich also nicht zu sehr wundern, daß der sogenannte Reichsbischof Ludwig Müller Richtlinien für die deutschen Christen im Dezember 1933 erlassen hat, in denen es u. a. heißt, daß Gott im Deutschen Volk "ein eigenes Gesetz geschaffen hat, und es Gestalt in dem Führer Adolf Hitler und in dem von ihm geformten nationalsozialistischen Staat gewonnen hat". Nur langsam machte sich auch in der Evangelischen Kirche Ernüchterung breit. Gott sei Dank, daß diese Kirche einen Pastor Martin Niemöller und Dietrich Bonhoeffer hervorgebracht hat. Sie haben die Kirche gerettet.[3]

---

2 Johannes Paul II., Enzyklika "Centesimus annus" vom 1.5.1991 zum hundertsten Jahrestag von "Rerum novarum", Ausgabe Bonn 1991, Nr. 29, ad a).

3 Pastor Martin Niemöller, von 1939-1945 gefangen im KZ Dachau als persönlicher Gefangener Adolf Hitlers"; Dietrich Bonhoeffer, hingerichtet am 9.4.1945 im KZ Flossenbürg. Vgl. dazu: Kirche, Staat und Gesellschaft im 20. Jahrhundert, in: Günter Sterberger (Hrsg.), 2000 Jahre Christentum, Salzburg 1983, S. 649.

Dieser herkömmliche Totalitarismus in seiner atheistisch-marxistischen und faschistisch-rassistischen Prägung begrenzte und begrenzt immer noch den Horizont des Denkens und des Schaffens vieler Politiker. Viele hatten vor diesem Totalitarismus eine große Angst. Sie lebten in einer Angstpsychose. Wir kennen die Versuche französischer und britischer Politiker, die mit Hitler verhandelt haben. Auch nach dem Zweiten Weltkrieg lebten die Politiker immer in großer Angst, sogar die aus den USA, weil sie vor dem Atomkriegspotential, das mit ihrer Hilfe geschaffen wurde, eine große Angst hatten. Erst jetzt wissen sie, daß der kommunistische Totalitarismus Erben ohne Verantwortungsbewußtsein hinterlassen hat, und diese werden die Welt noch lange mit Atombomben bedrohen.

### *b) Die modernen Arten des Totalitarismus*

Eine andere Utopie des 19. und 20. Jahrhunderts ist der moderne Totalitarismus. Er zeichnet sich zuerst durch dieselben Wurzeln aus, die auch auf die früheren Arten totalitärer Staaten einen mächtigen Einfluß ausgeübt haben. Im modernen Totalitarismus geht es zuerst um Demokratien, denen vielfach religiöse und moralische Werte ganz gleichgültig sind, in denen man sie nicht beachtet oder sie sogar verneint. Diese Demokratien werden manchmal ganz schwach, es wirken hier verschiedene Kräfte, wie die Vertreter vieler Unzufriedener oder Gleichgültiger, ja, besonders jener, die nicht an den Wahlen teilnehmen. Dies nützen die ehemaligen und disziplinierten Kommunisten aus und profitieren davon. Sie bilden nun eine Mehrheit in den Parlamenten, die weit von der Wahrheit und der Realität des Lebens entfernt ist. Dann gibt es viele, die einer richtigen Auffassung vom Menschen entbehren. Viele von ihnen neigen zu der Behauptung, der Agnostizismus und der skeptische Relativismus seien die Grundhaltung und Philosophie der demokratischen und politischen Formen. Entsprechend diesen Grundsätzen handeln sie, besonders wenn sie meinen, die Wahrheit wird von der Mehrheit bestimmt. Wenn es keine letzte Wahrheit gibt, die das politische Handeln leitet und ihm Orientierung gibt, dann werden Ideen und Überzeugungen leicht für Machtzwecke mißbraucht. Eine Demokratie ohne Werte verwandelt sich, wie die Geschichte beweist, leicht in einen offenen oder hinterhältigen Totalitarismus.[4]

Da kommen wir nun zu den allgemein menschlichen Werten. An allererster Stelle muß man vom Menschen und seinem Personensein sprechen. Wenn der Mensch keine Person ist, kann man ihn aus dem Leben ohne weiteres entfernen und vernichten. Es ist doch unerhört, daß jedes Jahr weltweit 50 bis 60 Millionen Abtreibungen vorgenommen werden. Das sind offizielle Zahlen. In Rußland werden offiziell vier Millionen Schwangerschaften im Jahr unterbrochen, inoffiziell spricht man von acht Millionen.[5] Abtreibung sollte sogar von der Konferenz für Bevölkerung und Entwicklung in Kairo im September 1994 als Mittel gegen die Bevölkerungsexplosion in das Programm der Vereinten Nationen aufgenommen werden. Wenn das erfolgt wäre, würde die nächste Konferenz für Bevölkerung und Entwicklung die Euthanasie als ein weiteres Mittel zur Familienplanung aufnehmen! Von solchen Plänen haben wir schon in den Niederlanden und in manchen Staaten der USA gehört. Und man muß befürchten, daß im nächsten Jahrtau-

---

4 Enzyklika "Centesimus Annus", Nr. 46.
5 Siehe Gość Niedzielny, Katowice, vom 26.6.1994, Nr. 26, S. 3.

send, wenn die Bevölkerungspyramide sich umkehrt, die Diskussion darüber (auch in der UNO) in Gang kommen wird, wie mit den unproduktiven Leuten, vorzüglich mit den Älteren, verfahren werden soll.[6]

Und wenn wir schon von der Konferenz in Kairo sprechen, so muß man feststellen, daß es dort zu keiner Auseinandersetzung mit dem Recht des Menschen auf Leben, mit seiner Würde und mit der Gerechtigkeit gekommen ist. Davon hat man nichts gehört, dagegen hat man ausführlich das Problem der Schwangerschaftsverhütung behandelt. Hier müßte man die Frage stellen, ob die Verfechter dieser Diskussion nicht Weiße sind, die finanziell an den Mitteln der Verhütung interessiert sind, oder mehr noch, ob hier nicht ein Egoismus der "reichen" Länder im Spiel ist.

Wir kommen zu einer weiteren modernen Utopie. Sie besteht in der Vergötzung einer Nation, die zum sogenannten Nationalismus führt. Der Nationalismus ist nicht nur eine Reaktion mancher Völker auf den kommunistischen Kollektivismus, er ist bereits ein Produkt des 19. Jahrhunderts. Wir sahen ihn einst im sogenannten Messianismus verschiedener Nationen. Es waren damals schon Ideologen am Werk, die einem ganzen Volk einreden wollten, es sei von Gott erwählt und müsse deshalb im Leben Europas eine führende Rolle spielen. So war es im russischen und polnischen Messianismus. Dabei hat man vergessen, daß die Nation etwas von Gott Geschaffenes ist, so wie die Zeit. Sie werden nicht für immer bleiben – auch die Nationen werden vergehen. Im nationalsozialistischen Staat sprach man vom 1000jährigen Reich, die Kommunisten sprachen von Ewigkeit. Der Nationalismus taucht immer wieder auf, wir sehen ihn bei vielen Völkern Europas, von Irland über das Baskenland und die ehemaligen jugoslawischen Republiken bis zu den Nationen des ehemaligen Sowjetreiches. Wir sehen die verschiedenen Nationen, wie sie ihre Konflikte durch extremistische Gruppen mit Gewalt lösen wollen. Und dabei kommt es zur Vernichtung ganzer Landesteile und zum Tod zahlreicher unschuldiger Menschen, in dem man allgemein zugängliche Schulen des Tötens öffnet. In diesem sinnlosen Töten und in dieser sinnlosen Zerstörung sehen wir große Gefahren für die Demokratie und die Verständigung unter den Völkern. Man fragt überhaupt, warum es zur Bildung immer kleinerer Staaten kommt, die kaum fähig sind, den enormen Unterhalt ihrer Diplomaten zu sichern, ganz zu Schweigen vom normalen Leben. Es ist eben eine Krise in Europa, und zwar eine geistige Krise, hervorgerufen durch den Egoismus so vieler Völker.

Zu diesem vergötzten Nationalismus müssen wir auch den Fundamentalismus und den Fanatismus mancher Völkergruppen zurechnen. Vertreter dieser Utopie glauben, im Namen einer angeblich wissenschaftlichen oder religiösen Ideologie den anderen Menschen ihre Auffassung von dem, was wahr und gut ist, aufzwingen zu wollen.[7] Und sie scheuen vor keinem Mittel zurück; alles ist ihnen erlaubt, um zum Ziel zu kommen. Und es geschieht nicht nur in Algerien, in der Türkei oder im Nahen Osten. Frankreich, Deutschland und andere Staaten bekommen das auch zu spüren.

---

6 Michael Müller, Geborgenheit und Spannung, in: Ders. (Hrsg.), Von der Lust katholisch zu sein, Aachen 1993, S. 18f.

7 Enzyklika "Centesimus Annus", Nr. 46.

Zur geistigen Krise in Europa trägt eine weitere Utopie viel bei. Es ist die weltweite Überzeugung, daß der Mensch eine absolute Freiheit innehat. Sie wird besonders von den heutigen Medien gefördert und falsch beurteilt. Die Medien sehen den Menschen ganz von Gott und der Wahrheit losgesagt, sie sehen nicht, daß der zur Freiheit geschaffene Mensch in sich die Wunde der Erbsünde trägt, die ihn ständig zum Bösen treibt.[8] Man übersieht diese Wunde total, man möchte hier schon ein Paradies errichten. Es sind jedoch nicht nur die Medien, die eine solche Auffassung verbreiten, es gibt auch manche Theologen, die behaupten, es gäbe keine Erbsünde. Wir treffen solche Vorstellungen im liberalen Teil der protestantischen Theologie und in manchen Kreisen protestantisierender katholischer Theologen, die nach dem Zweiten Vatikanischen Konzil sogar in einigen römischen Kongregationen angestellt waren und die neuen liturgischen Bücher vorbereitet haben. Zum Beispiel: in der ersten Ausgabe des Rituale für die Kindertaufe fanden wir nichts davon, daß die Taufe die Sünden nachläßt, erst ein paar Monate später kam von Rom eine Berichtigung, man hat dann in die Gebete die absichtlich ausgeklammerten Texte wieder eingeführt. Die zweite Ausgabe der Agenda für Kindertaufe ist schon richtig.

Man braucht sich also nicht zu sehr wundern, wenn die Freiheit als etwas Absolutes dargestellt wird, ohne die Realität des Lebens und die Wahrheit zu berücksichtigen. Oft wird also die absolute Freiheit in der Erziehung durch die Eltern und in der Schule praktisch betont und gelehrt. Dazu kommen, wie schon gesagt, die Medien und manche Theologen, die sagen: "Alles ist erlaubt." Außerdem wird behauptet, daß im menschlichen Handeln, auch bei den Christen, das Gewissen maßgebend sei. Das Gewissen ist sicher ein großes Gut und eine große Gabe Gottes, aber es muß immer geformt werden, und zwar durch das Evangelium. Überhaupt gehören die Freiheit des Gewissens und die Wahrheit zusammen. Sonst verliert die Freiheit ihre Grundlage, und der Mensch wird der Gewalt der Leidenschaften und offenen oder verborgenen Bedingtheiten ausgesetzt.[9]

Zu dieser Freiheit gesellt sich auch die wirtschaftliche Freiheit, die nur ein Element der menschlichen Freiheit ist. Sie kann sich nicht für autonom erklären, sie muß zuerst dem Menschen dienen; der Mensch muß ihr Subjekt sein. Sie darf nicht die Mitte des gesellschaftlichen Lebens einnehmen und zum einzigen Wert der Gesellschaft werden, die keinem anderen untergeordnet ist. Sie obliegt daher der sittlichen und religiösen Dimension, sonst kommt es auch zu einer Vergötzung des Marktes, der durch viele als die einzige Lösung der ernsten nationalen und internationalen Probleme angesehen wird. Diese Lösung ist nicht nur eine Frage der Wirtschaft oder der Rechts- oder Gesellschaftsordnung, sie erfordert klare sittlich religiöse Werte.[10] Hier zeigt sich die Aufgabe des Staates, all das zu überwachen. Mit anderen Worten, es geht um die Überwachung der Menschenrechte im wirtschaftlichen Bereich. Das kann aber nur ein solcher Staat tun, in dem die allgemein menschlichen Rechte und Werte beachtet werden. Man kann hier nochmals den Grundsatz wiederholen: eine Demokratie ohne Werte verwandelt sich leicht in einen offenen oder auch hinterhältigen Totalitarismus.

---

8 Enzyklika "Centesimus Annus", Nr. 25.
9 Enzyklika "Centesimus Annus", Nr. 46.
10 Johannes Paul II., Enzyklika "Sollicitudo rei socialis" vom 30.12.1987, Ausgabe Bonn 1988, Nr. 38.

*c) Die mystischen Utopien*

Das 19. Jahrhundert ist der Anfang der Entstehung oder auch des Wiederauflebens vieler Sekten, Bewegungen und Weltanschauungen, die schließlich in die evangelischen Gemeinschaften, aber auch bei den Katholiken Eingang gefunden haben. Diese Erscheinungen wollen manche als Reaktion auf die enttäuschten und herkömmlichen Utopien der Neuzeit vermuten, um so mehr als sie eben in unserer Zeit neu aufgeblüht sind.[11] Sie haben jedoch ihren Ursprung im sogenannten Gnostizismus der ersten drei Jahrhunderte nach Christus. Dieser Gnostizismus (vom griechischen "Gnosis" = Erkenntnis, Bewußtsein) entstand im 1. Jahrhundert, zusammen und unabhängig vom Christentum, und ist sogar in die heidnischen Religionen eingedrungen. Was war Ziel dieser falsch verstandenen Gnosis? Sie hat alle menschlichen Werte angegriffen, zu allererst bestritt sie die menschliche Person. Die Gnostiker sagten: Person wird man erst im neuen Leben, nach dem Tod, was auch viele östlichen Religionen glauben. Die einen bezeichnen das neue Leben als ein "Pleroma", die östlichen Lehrer sprechen von einem "Nirwana". Die Gnostiker haben dann keine Relation zum Leben, sie glaubten sich ein Bewußtsein anzueignen, das sie in eine andere Welt, eine Welt des Lichtes und der Güte hineinführen würde. Sie wollten daher nicht arbeiten, haben sich auch im kulturellen und politischen Leben nicht engagiert; wo sie mit dem Christentum in Verbindung traten, lehnten sie Christus selbst, besonders aber sein Kreuz ab, sie lehrten eine ausgesprochene Flucht vor dem Leiden überhaupt. Sie lehnten auch das Heiraten ab, lebten ohne Trauung, wollten keine Kinder haben, obwohl sie sexuell verkehrt haben. Und jede staatliche oder kirchliche Institution war für sie ein Übel. Nichts lohnt sich – sagten sie – in der Welt. So spricht man heute von einem allgemeinen Pessimismus, an dem schließlich das Römische Reich im 4. Jahrhundert zugrunde gegangen ist.[12]

Diese falsche Gnosis ist in unserem Jahrhundert mit einer neuen Wucht in Erscheinung getreten. Und die Erscheinungsformen sind der ersten Gnosis sehr ähnlich: Die allgemein menschlichen Werte werden abgelehnt, alles wird angegriffen, die Menschen leben in einem Zustand totaler Gleichgültigkeit und Frustation, obwohl sie das gar nicht bemerken. Sie wollen z.B. nicht zu den Wahlen gehen, sie engagieren sich nicht im politischen Leben, sie haben eine Abneigung gegen die Heirat, sie wollen keine Kinder haben. In der Anarchie vieler sehen wir die Abneigung gegen jede menschliche oder kirchliche Institution. Man spricht heute gern von einem anti-römischen Komplex in der Kirche, und viele denken, daß die Abneigung dem Papst gegenüber und den römischen päpstlichen Behörden etwas Neues ist. Das gab es alles schon einmal. Es ist auch nichts Neues, wenn man heute von einem neuen Bewußtsein spricht und viele davon überzeugt sind. Das zeigt sich in der Faszination, die die östlichen Religionen ausüben, viele bekennen sich zum Reinkarnationsglauben. Man muß dieses Bewußtsein haben und pflegen, es ist auch Gegenstand der Lehren vieler Sondergruppen, z.B. der theosophischen und der anthroposophischen, aller Gruppierungen der Rosenkreuzer, der Mitglieder der Scientology-Sekte oder Anhänger der "Transzendentalen Meditation". In Ostdeutschland ist jetzt eine neue Art der Bhagwan-Bewegung bekannt, die den Namen

---

11 Karl Friedrich Geyer, Gnosis, in: Lexikon der Sekten, Sondergruppen und Weltanschauungen, Freiburg 1990, S. 388.

12 Vgl. Massimo Introvigna, Il ritorno della Gnosi, in: Trenta Giorni 8 (1990), Nr. 2, S. 63-67.

"Osho" trägt. Die Ideologen und Theoretiker dieser Bewegungen und Gruppierungen stecken sie alle in ein Netzwerk hinein (network), das unter dem Namen "New Age" bekannt ist.[13] Ihr Erkennungszeichen ist das "Neue Bewußtsein", das man haben muß, um in ein neues Leben hineinzugehen.

Diese Strömungen und Bewegungen bilden zwar einen Gegensatz zum Materialismus und Rationalismus, darum nennt man sie "Mystische Utopien". Im großen und ganzen sollen sie aber das gleiche bewirken: ein neues Bewußtsein, von dem auch der marxistische Kommunismus gesprochen hat.

Und was geschieht heute in Rußland? Dutzende von Sekten durchwühlen das Land. Sie sind nicht nur eine Reaktion auf den Materialismus, auch nicht nur ein Bild der Schwäche der orthodoxen Kirche, sie sind die wiederauflebende Gnosis, die von Zeit zu Zeit Europa durchwandert. Und immer wieder bringt sie eine neue Krise mit sich. So war es im Mittelalter in den Sekten der Priszillianer, Katharer, Albigenser, so war es in den okkultischen und esoterischen Sekten der Renaissance. Und wenn wir schon auf die Schwäche der Kirchen zu sprechen kommen, so muß man immer warnen. Von der Schwäche der Lutherischen Kirche habe ich schon gesprochen, sie besteht in der Abhängigkeit von den Staatsoberhäuptern oder anderer Regierungen. Um ihre Glaubwürdigkeit zu erlangen, muß sie den Mut haben, dieser Abhängigkeit ein Ende zu machen. Es ist nicht leicht dort, wo noch Könige das Oberhaupt der Kirche sind. Aber auch das reicht nicht aus. Wenn diese Kirchen nicht eine feste Konstitution haben mit einem starken Einheitsprinzip, werden sie langsam zersplittert, so wie in der ehemaligen DDR, in der in einem Zeitraum von 40 Jahren 12 Millionen Deutsche unter dem Druck der Moskauer Kommunisten total atheistisch geworden sind, was ich in meinem Augsburger Referat besonders unterstrichen habe. Und das nächste Stadium der geistigen Verheerung bringen und bewirken die Sekten und Bewegungen.

## 2. Unfähigkeit zum Frieden

Wir verlassen jetzt die Welt der unterschiedlichen Utopien und Totalitarismen und kommen nun zu einer neuen Ursache der europäischen Krise. Wir nennen sie "Unfähigkeit zum Frieden", genauer "Unfähigkeit zum Schließen des Friedens". Sie kennen sicher das geflügelte Wort "Caudinisches Joch", es stammt von Titus Livius, dem römischen Geschichtsschreiber. Er schreibt in seinem Buch "Ab Urbe Condita", daß das römische Heer im 2. Samniterkrieg vom samnitischen Feldherrn Pontius bei der Stadt Caudium im Jahre 321 v. Chr. rettungslos eingeschlossen war und besiegt wurde. Und nun mußten die Besiegten die Schmach über sich ergehen lassen, daß sie unter einem Joch, bestehend aus zwei Spießen, die mit einem dritten verbunden waren, auf allen Vieren durchkriechen mußten. Das Ziel war damals die größtmögliche Demütigung des besiegten Gegners.[14]

---

13 Marylin Ferguson, Die sanfte Verschwörung, Persönliche und gesellschaftliche Transformation im Zeitalter des Wassermanns, Basel 1982, S. 22.

14 Titus Livius, Ab Urbe Condita, Heidelberg 1947, Liber IX, S. 196; S. auch "Caudinisches Joch", in: Geflügelte Worte, Berlin 1972, S. 617.

Wenn wir heute von einem "Caudinischen Joch" sprechen, so denken wir zuerst an die große Demütigung der Feinde beim Friedenschließen selbst. So war es z.B. nach dem Krieg 1870/71, dann nach dem Ersten Weltkrieg von 1918 und nach dem Sieg Deutschlands über Frankreich im Jahre 1940, wo der Waffenstillstand wieder in einem besonders zur Demütigung ausgewählten Ort geschlossen wurde, im Wald von Compiègne, und zwar in demselben alten Eisenbahnwagen wie im November 1918. Wir kennen die Geschichte der großen Demütigung der Deutschen nach den Jalta- und Potsdamkonferenzen, nach der großen Demütigung während der Siegerparade in Moskau und dann besonders nach dem Beschluß, Millionen Unschuldige aus ihrer Heimat zu vertreiben, wobei auch viele andere das Schicksal der Vertreibung erdulden mußten. Ich denke an die Polen, die ihre Heimat im Osten verlassen mußten. Damals war als Deckname die "Repatriierung" erfunden worden, und auch das geschah zur Demütigung besonders der polnischen Exilregierung in London. Vielleicht hat auch die Demütigung der Deutschen nach 1918 durch die französische Besetzung des Rheinlandes zum Sieg der Nationalsozialisten beigetragen. Und warum wurde nach 1945 kein Friede geschlossen? Es kam zwar zu einem Frieden zwischen dem kommunistischen Polen und der kommunistischen DDR, aber nur, um Westdeutschland zu ärgern und zu demütigen; so haben wir das wenigstens bei uns empfunden.

Es geht jedoch nicht nur um die Unfähigkeit, einen Frieden zu schließen, es gibt auch eine Unfähigkeit, einen Frieden zu leben und gewaltsame Konflikte, die zu einem Krieg führen, auf friedlicher Basis zu lösen. Ein Krieg vernichtet immer das Leben vieler Unschuldiger, er lehrt töten und lehrt auch, wie man das Leben derer, die töten, vernichtet. Und was bleibt nach dem Krieg? Zorn und Haß. Und dies erschwert eine gerechte Lösung jener Probleme, die den Krieg ausgelöst haben. Ein ungerechter Krieg ruft weitere Gewalt und Unterdrückung hervor. Er läßt Ungerechtigkeit auf lange Jahre walten und spüren, und dabei geht der Respekt für die menschliche Person verloren – erst recht ein Krieg, der im Namen der Religion geführt wird. Solche Kriege erlebt die Welt immer wieder. Papst Johannes Paul II. hat einen solchen Krieg als einen "schreienden Widerspruch" bezeichnet.[15] Werden Kriege unter den Christen bald in Vergessenheit geraten? Sind es noch wirkliche Christen, wenn sie Racheakte an die erste Stelle, vor die Menschenwürde, stellen? Leider sind Krieg und Aggressionen unter Christen eine Tatsache. Sie sind auch eine Ursache der geistigen Krise in Europa.

Die neue Art von Frieden heißt heute – so hat ihn schon Papst Paul VI. genannt – Entwicklung.[16] Diese Art besteht in der gemeinsamen Verantwortung, um alles gutzumachen, was zerstört wurde. Es geht hier um Zusammenarbeit am Wiederaufbau der zerstörten Güter und noch mehr um Wiederaufbau der zerstörten Seelen, ihre Würde und ihr Gewissen. Das ist Friede. Man fragt sich immer wieder, ob Europa zu einem solchen Frieden fähig ist. Wenn die Antwort eine negative ist, so muß man von einer neuen Krise in Europa sprechen.

---

15 Johannes Paul II., Ansprache bei der Audienz für Teilnehmer der 6. Weltkonferenz der Religionen für den Frieden am 3.11.1994, Kathpress Nr. 253 vom 4.11.1994, S. 5f.

16 Paul VI., Enzyklika "Populorum progressio" vom 26.3.1967, Vatikan 1967, Nr. 76f.; Johannes Paul II., Enzyklika "Centesimus Annus", Nr. 52.

## 3. Bruch zwischen Kultur und Religion

Es bleibt noch eine weitere Quelle, aus der die geistige Krise in Europa herausfließt. Es ist der Bruch zwischen der Kultur und der Religion. Man müßte aber zuerst fragen, was alles zur Kultur gehört, es ist natürlich ein sehr breites Thema. In der Kultur – um nur kurz darauf hinzuweisen – geht es zuerst um die Menschenwürde und Menschenrechte, dann um das rechte Ehe- und Familienverhältnis mit der Ausübung des Rechtes in der Erziehung der Kinder, und überhaupt um die Verwirklichung des Menschen in der Gemeinschaft. Weiter gehört hierzu die Wissenschaft, Kunst und Musik, Pflege der Sprache, das Regieren und die Beteiligung der Bürger an sozialen und politischen Entscheidungen, Kunst des Erlebens der Freizeit, das Recht auf Arbeit, Recht auf Lernen, das Schulwesen usw.

Es muß jedoch sofort darauf hingewiesen werden, daß das Kulturschaffen des Menschen immer mit der Religion verbunden war, es war immer vom Religiösen geprägt. Und in der 2000jährigen Geschichte Europas war die Kultur mit dem Christentum und gerade in seiner katholischen Ausprägung verbunden, es geht hier um eine 2000jährige Tradition.

Nun kam es im 16. Jahrhundert zum ersten Bruch zwischen Kultur und Religion. Es war nicht so sehr Martin Luther, der ja auf viele Auswüchse in der damaligen Kirche aufmerksam gemacht hat. Es waren andere Reformatoren am Werk, die zum großen Bruch der Religion mit der Kunst geführt haben. Man braucht nur das Ulmer Münster in seinem Innern zu sehen oder an die Soldaten Cromwells in England zu denken, die massenweise wunderbare Orgelbauwerke zerstört haben und dann mit den Orgelpfeifen durch die Ortschaften zogen, wobei sie mehrere Nächte hindurch kakophone Musik durch das Pfeifenblasen dargeboten haben. Den Anlaß dazu gab jedoch Luther durch den Abschaffungswillen all dessen, was sichtbar war. Alles, was sichtbar war, wollte man abschaffen, um in einer nur geistigen Kirche zu leben. Karl Rahner nennt daher Luther den Theologen der Unsichtbarkeit. Die französische Revolution führte die Zerstörung des Kircheninneren weiter, die Oktoberrevolution begann mit dem Raub wertvoller Gegenstände, und 1938 begann in Deutschland die Sprengung jüdischer Synagogen, die, wie bei uns in Oberschlesien vielfach im mauretanischen Stil gebaut, zur besonderen Zierde der Städte geworden waren.

Ich denke jedoch, daß die Kultur viel Gemeinsames mit dem Gespür für das "Sacrum", für das Heilige hat. Seit dem 16. Jahrhundert beobachtet man das systematische Schwinden dieses Gespürs. Das geschieht im Umgang mit der Natur. Die Natur war und ist immer etwas Heiliges, das Gott geschaffen hat und dann selbst bestätigte, daß alles von ihm Geschaffene gut und deswegen auch heilig ist (vgl. Gen 1, 18). Die heutigen ökologischen Bestrebungen verteidigen zwar die Natur vor der sinnlosen Zerstörung, aber sie können nicht von der Heiligkeit der Natur sprechen, weil sie die Verflechtungen der Natur mit der Religion selbst nicht sehen können. Auch können sie nicht auf das maßlose und undisziplinierte Verlangen nach Besitz und Genuß hinweisen, denn das ist wiederum mit den moralischen und religiösen Grundsätzen verbunden. Und dieses undisziplinierte Verlangen führt ohne Bedenken zur Zerstörung der Naturschätze und zum maßlosen Ausrauben der irdischen Ressourcen.

Außer der Zerstörung der natürlichen Umwelt gibt es eine Zerstörung der menschlichen Umwelt, die wiederum mit der Kultur vereinigt ist. Es geht um das "Sacrum", um das Gespür für die Heiligkeit und Unantastbarkeit der menschlichen und besonders der gottgeweihten Personen, Objekte, Sachen und Orte. Wir hören von der Vernichtung und Schändung der Kirchen, der Friedhöfe und besonders der Kreuze, wir beobachten das Bemalen und Beschriften der Kirchen und öffentlichen Gebäude, wir sind empört über die Verschmutzung der Sprache, über das Verhalten der jungen Menschen in den Sportstadien und über anarchistische Ausschreitungen der Rechts- und Linksextremisten. Es geht hier nicht mehr um die Kultur des Einzelnen, es geht um die Kultur ganzer Gruppen, ja der Papst spricht sogar von der Kultur der ganzen Nationen, die immer von der Suche nach der Wahrheit gekennzeichnet sein muß. Es geht um die Gestaltung dieser Kultur, und für ihre Gestaltung braucht das menschliche Tun die Einbeziehung des ganzen Menschen, der dann seine Kreativität, seine Intelligenz, sein Wissen von der Welt und vom Menschen selbst entfaltet.[17] Solange das aber nicht der Fall ist, müssen wir vom Bruch zwischen Kultur und Religion sprechen. Folgerichtig kommt es zur geistigen Krise Europas, die noch durch die Gleichgültigkeit vieler, besonders der Wahrheit gegenüber, erschwert wird.

Man könnte noch von vielen anderen Ursachen der geistigen Krise Europas sprechen, auch von vielen anderen Erscheinungsformen dieser Ursachen, z.B. von der schleichenden Säkularisation, von der oft die Rede ist, oder vom Verlust des Gespürs für die Geschichte der Nation und der Kirche, aber das Dargestellte soll hier genügen, um die geistige Krise Europas zeigen zu können. Wir fragen uns nun, was wir tun müssen, um die Krise nicht nur zum Stillstand zu bringen, sondern um auch an ihre Wurzeln zu gelangen und sie zu entfernen.

## II. Die Überwindung der geistigen Krise

Zum Anfang des zweiten Teiles des Referates möchte ich von einem Kongreß erzählen, der vom 9. –12. August 1991 in Lublin stattgefunden hat und an dessen Tagungen ich teilgenommen habe. Ich stehe immer noch unter dem starken Eindruck, den dieser Kongreß auf mich gemacht hat. Die Katholische Universität in Lublin hatte nämlich alle Theologen und Professoren aus Ost- und Mitteleuropa zu diesem Treffen eingeladen. Die Professoren sollten sich einmal kennenlernen. Insgesamt waren wir über 200 an der Zahl. Die Professoren haben keine Referate gehalten, es waren vielmehr Zeugnisse, die sie abgelegt haben. Die Mehrzahl von ihnen war über sechs Jahre in den Gefängnissen und in verschiedenen sibirischen Lagern. Ich kann den Professor aus Olmütz nicht vergessen, der 20 Jahre im Gefängnis gehalten wurde und von den ersten fünf Jahren erzählte, die für ihn die schwersten waren, weil er sich mit dem Leiden selbst auseinandersetzen mußte. Großen Eindruck hinterließen auch die Aussagen des heutigen Erzbischofs und Kardinals von Prag, Miloslav Vlk, der nach sechs Gefängnisjahren sechs Jahre als Fensterputzer in Prag tätig war. Ebenso konnten die Aussagen vieler litauischer Priester einen jeden erschüttern. Zum Schluß hat Professor Golub aus Zagreb doch noch ein Referat gehalten, aber es war ein Resümee all dieser Aussagen und Zeugnisse. Pro-

17 Enzyklika "Centesimus annus", Nr. 37f. und 50f.

fessor Golub war selbst 15 Jahre im Gefängnis des Tito-Regimes. Und nun sprach er von drei großen Gnaden, die jeder von diesen Zeugen während und nach der Gefängnis- oder Lagerzeit erlebt hat. Die erste Gnade war die Gnade der Verfolgung und des Leidens. Die Gefangenen brauchten manchmal mehrere Jahre, um diese Gnade zu verstehen. Man hat sich gesträubt, man hat innerlich protestiert gegen die Verfolgung und gegen das Leiden. Verfolgung, ist es nicht ein Übel in der Kirche? Man muß es ja bekämpfen! Langsam kam aber der befreiende Augenblick: Verfolgung und Leiden sind Gnaden Gottes, aus denen das höchste Gut in das Leben eines Menschen und in das Leben der Kirche herausfließt, so wie aus Christi Leiden die Erlösung der Menschheit hervorgegangen ist. Sie haben verstanden, daß sie für Christus und für die Kirche leiden müssen.

Dann kam die zweite Gnade, eine noch größere als die erste. Es war die Gnade der Befreiung und der Freiheit. Man wußte zuerst nicht, was man mit dieser Gnade anfangen muß. Nichts tun, genießen? Einen Märtyrer spielen? Und hier haben fast alle begriffen, daß die Freiheit keinen Terminus ad quem haben kann, sie ist ein terminus a quo. Man muß eben von neuem anfangen, die Arbeit weiterzuführen, als ob nichts gewesen wäre. Schließlich trat die dritte Gnade in Erscheinung, die allergrößte und die schwierigste: die Gnade der Verzeihung. Im Lager oder im Gefängnis kamen oft die Gedanken der Rache. Und auf einmal wurde man mit den Worten Christi konfrontiert: "Liebt eure Feinde, tut Gutes denen, die euch verfolgt haben, segnet jene die euch verfluchen, betet für die, die euch mißhandeln" (Lk 6, 27). Das war schwer. In meinen Ohren klingen heute noch die Worte eines rumänischen Professors, der erzählte, wie er nach der Wende vor einem Schaufenster in Alba Julia den Untersuchungsoffizier getroffen hat, der ihm während eines Nachtverhörs sechs Zähne herausgeschlagen hatte. Und nun standen sie beide nebeneinander, der Professor reichte ihm die Hand; der Offizier war ganz konfus, hat kein Wort gesagt, sondern ist sofort weggelaufen. Der Professor war sicher, daß diese seine Geste in diesem Menschen noch arbeiten und schließlich seine Umkehr bewirken wird.

In demselben Sinn sprachen sich vor einiger Zeit, vielleicht etwas sachlicher als die Professoren, die Bischöfe aus Ost- und Mitteleuropa aus, die in diesem Jahr aus elf Ländern zum ersten Mal in Warschau zusammengekommen sind. Gegenstand ihrer Beratungen vom 10.–14. September 1994 war die Lage, in der immer noch schmerzhafte Wunden aus der kommunistischen Zeit offen sind, wie die Presseagentur Kathpress aus Warschau berichtete.[18]

Neben den alten Wunden zählten die Bischöfe neue auf. Sie sprachen von den Verletzungen der menschlichen Würde, sie sprachen von der Freiheit, die nun erlangt worden ist, aber die nicht richtig ausgenützt wird, denn sie erfordert Zusammenarbeit der Nationen mit der Kirche und unter den Kirchen selbst. Die neue Arbeit, die auf alle wartet besteht: 1. in der Überwindung der schmerzhaften Kluft zwischen Glauben und Leben, 2. in der Zusammenarbeit an der Vereinigung Europas, 3. im Wiederaufbau grundlegender moralischer Werte, 4. in einer spirituellen Erneuerung der Person in ihrer sozialen und individuellen Dimension, und 5. im Bemühen um die Beseitigung der Gefahren, die

18 Kathpress vom 17.-18.10.1994, Nr. 240, S. 10f.

auf der Demokratie in ihren Ländern lasten, denn Systeme, welche die ethischen Werte verneinen, nähern sich dem Marxismus an, weil sie die menschliche Person auf die wirtschaftliche Dimension reduzieren.

Ich bin der Meinung, daß beide Aussagen, die der Professoren und die der Bischöfe, wichtige Anhaltspunkte für die Überwindung der geistigen Krise in Europa und zur Verständigung der Völker untereinander enthalten. Man muß immer auf die Fundamente hinweisen können, auf denen ein Aufbau stattfinden kann. Diese möchte ich im folgenden anführen.

1. Es wird immer und zu allererst um die menschliche Person, um ihre Rechte und ihre Würde gehen. Diese Person macht schließlich den Geist des Menschen aus, der durch die unsterbliche Seele gebildet wird. Darum kann schon das Zweite Vaticanum sagen: "Wenn der Mensch die Geistigkeit und Unsterblichkeit seiner Seele bejaht, wird er nicht zum Opfer einer trügerischen Einbildung, die sich von bloß physischen und gesellschaftlichen Voraussetzungen herleitet, sondern er erreicht im Gegenteil die tiefe Wahrheit der Wirklichkeit."[19] Die Konsequenzen der irrigen Sichtweise des Wesens der Person haben wir im Totalitarismus nicht nur gesehen, sondern auch zu spüren bekommen.

2. Der Christ kann niemals zum Pessimisten werden, er kann niemals sagen: "Man kann nichts mehr tun", auch nicht, wenn er mit dem Leiden und der Verfolgung konfrontiert wird. Sein Leiden muß er als eine Konsequenz der Erbsünde betrachten, aber nicht nur, er muß es im Lichte des Kreuzes Christi und seines Evangeliums sehen. Er muß die Worte Christi immer im Herzen tragen: "Wenn sie mich verfolgt haben, werden sie auch euch verfolgen (Joh 15, 20)"; er muß auch die für viele unverständlichen Worte des heiligen Paulus immer von neuem überdenken und sie sich zu eigen machen: "Ich freue mich in den Leiden, die ich für euch ertrage; für den Leib Christi, die Kirche, ergänze ich in meinem irdischen Leben das, was an dem Leiden Christi noch fehlt" (Kol 1, 24).

Als Papst Johannes Paul II. am 27. Mai 1994 die Gemelli-Klinik verlassen hat, hat er gleich am nächsten Sonntag von seinem Fenster aus Worte gesprochen, die man aus seinem Munde noch nie gehört hat. Er sagte in Anbetracht der Internationalen Konferenz in Kairo und in Anbetracht des Jahres der Familie, das durch die UNO ausgerufen worden ist: "Die Familie ist angegriffen, da muß auch der Papst angegriffen werden, er muß leiden, damit die Familie und die ganze Welt erfahre, daß es ein Evangelium des Leidens gibt. Ich habe keine Argumente mehr für diese Konferenz, in der der Versuch vorgenommen wird, die Abtreibung in die Liste der Menschenrechte einschreiben zu wollen. Mir ist nur dieses Argument geblieben: das Argument des Leidens. Das wollte ich ihnen dort sagen, damit alle verstehen, warum der Papst wieder leidend ist".[20]

Man muß auch immer wieder den Grundsatz kennen, ihn lehren und weitergeben, daß die Flucht vor jedem Leiden unchristlich war und ist, besonders heute, wo man so viel über die Euthanasie spricht. Jeder Christ muß sich zu diesem Grundsatz seines Leidens mit Christus, auch wenn es schwer sein sollte, öffentlich bekennen.

---

19 Vgl. Zweites Vaticanum, Konstitution über die Kirche in der Welt von heute "Gaudium et spes", Nr. 14 (Text nach: Karl Rahner/Herbert Vorgrimler, Kleines Konzilskompendium, Freiburg, Basel, Wien 15. Aufl. 1981, S. 461).

20 Das Argument des Leidens, in: Tygodnik Powszechny, Kraków, 5.6.1994, Nr. 23, S. 4.

3. Die Freiheit des Menschen ist ohne Wahrheit undenkbar. Absolute Freiheit ist immer Willkür und Eigenmächtigkeit, auch im wirtschaftlichen Bereich. Sonst kommt es zum Mangel an Sicherheit der individuellen Freiheit und des individuellen Eigentums, es kommt zur Korruption der staatlichen Behörden und zum krankhaften Suchen nach unreinem Gewinn und unreinen Quellen der Bereicherung.

Es ist nun Aufgabe des Staates darüber zu wachen, denn in einer Welt ohne Wahrheit verliert die Freiheit ihre Grundlagen. Der Mensch wird der Gewalt der Leidenschaften ausgesetzt. Jeder Christ, aber auch jeder Mensch, der guten Willens ist, muß das einsehen.

Das ist auch die Aufgabe der christlichen, nicht nur der Katholischen Soziallehre. Ich spreche von der "christlichen" Lehre, denn an ihr müssen sich auch andere Konfessionen beteiligen. Es gibt nämlich keine menschenwürdige und zugleich befriedigende Lösung der sozialen Probleme außerhalb des Evangeliums. Seit 100 Jahren erhebt die Kirche ihre Stimme, sie hat dies zum ersten Mal getan in der Enzyklika "Rerum Novarum" des Papstes Leo XIII. (1891), sie hat es nach 40 Jahren wiederholt in "Quadragesimo Anno" von Papst Pius XI. (1931), dann haben wir klare Worte Johannes XXIII. in "Mater et Magistra" (1961) vernommen, ebenfalls im Apostolischen Schreiben von Paul VI. "Octogesima adveniens" (1971), in der Enzyklika über die Arbeit "Laborem exercens" (1981), in "Sollicitudo rei socialis" (1987) und schließlich in der Enzyklika "Centesimus Annus" (1991), diese drei letzten Schreiben von Johannes Paul II.

4. Unter den Werten, die in eine ganze Hierarchie eingeordnet sind, unterscheidet man die sogenannten Grundwerte, die immer auf dem ersten Platz ihre Position haben müssen – überaus christliche Werte, die für die gläubigen Christen maßgebend sind – von anderen, zweitrangigen Werten wie Treue, Freundschaft, Solidarität usw. Zu den Grundwerten, dies vom Christentum als seine eigenen Werte angesehen werden und für die auch alle Christen eintreten müssen, zählt man vor allem das Personsein des Menschen, seine Würde, das Recht auf Leben, dann die Wahrheit und Gerechtigkeit, den Frieden, die Pflicht der Bewahrung der Schöpfung, die Kultur und die Option für die Armen der Welt. Nun geht es darum, daß ein Christ all diese Werte nicht nur annehmen muß, er muß sie vielmehr auch öffentlich bekennen und sie in Wort, Schrift und Tat verteidigen.

Die Kirche appelliert hier aber nicht nur an ihre Mitglieder, sie wendet sich auch an alle Regierenden, an den Staat, an die Parteien und an die Massenmedien. Alle müssen verstehen, daß die Wahrheit nicht durch Mehrheit entstehen kann, und daß alle, die sich politisch, wirtschaftlich oder im kulturellen Bereich engagieren, die Menschenrechte kennen und sie auch pflegen müssen.

Aber einen besonderen Appell muß man mit der Kirche an alle christlichen Parteien und alle anderen christlichen Institutionen richten: an die Universitäten, Fakultäten, Seminare, Hochschulen und an die Verantwortlichen im Bildungswesen. Es geht um die Ausbildung einer christlichen Elite. Neue Kräfte muß man ausbilden, die nicht in einer negativen Kritik der Kirche gegenüber verharren, sondern für die Grundwerte eintreten werden in Schrift, Wort und Tat. Sie müssen den Mut haben, etwas Positives über die Kirche und auch über ihre Soziallehre zu sagen. Eine Demokratie ohne Bildung neuer Verantwortlicher wäre unmöglich. So muß auch die Kirche durch ihre Institutionen neue

Menschen ausbilden, die selbst die allgemein menschlichen und die christlichen Werte vertreten werden, und zwar mit einer Überzeugung, die sich anderen von selbst mitteilen und auf andere von selbst übergehen wird.

5. Es wäre nun auch auf die Erziehung zum Frieden hinzuweisen. Niemand hat so viel für den Frieden getan wie die beiden letzten Päpste. Seit 1968 richten sie Friedensbotschaften an die Welt. Paul VI. hat den 1. Januar eines jeden Jahres als einen Friedenstag verkünden lassen. Man müßte so alle Themen dieser Botschaften durchstudieren, sie könnten uns vieles sagen. Nach der ersten Botschaft des Jahres 1968 kam gleich das Thema "Förderung der Menschenrechte, der Weg zum Frieden" (1969), "Sich durch die Versöhnung zum Frieden erziehen" (1970), die letzte Botschaft des Papstes Paul VI. hatte das "Nein zur Gewalt" zum Thema (1978). Danach begann eine neue Reihe unter Johannes Paul II. Interessant war das Thema des Jahres 1989 "Die Minderheiten respektieren, um Frieden zu stiften", oder "Wenn du Frieden willst, achte das Gewissen jedes Menschen" (1991). Und die Friedensbotschaft des letzten Jahres (1994) stellte "die Familie in den Vordergrund, aus ihr erwächst Friede für die Menschheitsfamilie". Man sollte diese Friedensbotschaften im Leben der Kirche mehr beachten, sie auch in größerem Maß ausnützen, sie sind ja Botschaften für die ganze Gesellschaft und für die ganze Welt.

An dieser Stelle möchte ich die Frage stellen, inwieweit sich die Massenmedien für den Dienst am Frieden engagieren. Wir sehen ja fast nur Gewaltszenen, Diebstahl, Mord, Ehebruch und Ausbeutung, in den Reklamen geht es vorwiegend um totalen Konsum, der zu einem Konsumismus, Egoismus und zu einem asozialen Liberalismus wird, in dem alles allen erlaubt ist. Die Fähigkeit zum Frieden kommt nicht von sich selbst, sie muß erlernt werden.

6. Nun noch etwas zu den neuen "mystischen" Utopien, die zur geistigen Krise Europas noch viel beitragen werden. Ich habe von der falschen Gnosis gesprochen, die wieder auflebt. Ich bin der Meinung, daß sie nach der Jahrtausendwende abflauen wird, bis dahin aber noch viel Unheil ausrichten kann. Die vielen neuen Bewegungen und Weltanschauungen möchten ein neues Bewußtsein einreden. Außer dem Taufbewußtsein und dem Erhalten der Taufgnade bis zum Tod gibt es aber kein seligmachendes Bewußtsein. Was alle diese Gruppierungen und Sekten bringen, ist nicht christlich. Sie werden von einer Sensations-, Wunder- und Mirakellust begleitet. Es ist ein gefährlicher Trend, der heute Europa durchwandert.[21] Heute erscheinen Hunderte von esoterischen Büchern, Horoskope jedweder Art werden ernst genommen. Bücher mit "Mitteilungen aus dem Jenseits" finden ebenso reißenden Absatz wie frappierende Weissagungen, geheimnisvolle Stimmen, Filme von Geistern, Exorzismen und so weiter.

Man muß hier wachsam sein und immer wieder an die wahre Lehre von Gott, seiner Vorsehung und vom Vertrauen auf diese Vorsehung erinnern. Auch das Leiden Christi und sein Kreuz müßte in den Vordergrund gestellt werden, denn ohne das Leiden Christi bleibt die Welt vollkommen unverständlich.

---

21 Bischof Reinhold Stecher, Sensationslust, in: Informationsdienst (IDU), Wien, Maria Roggendorf, Nr. 42 (1994), S. 1f.

Bezüglich der Gnosis müssen wir die Christen, aber ebenso alle anderen Menschen vor einer totalen Gleichgültigkeit warnen. Der Mensch, vor allem der Christ muß sich im kulturellen, wirtschaftlichen und politischen Leben engagieren. "Gleichgültigkeit ist das größte Gift unserer Zeiten" – so lautete schon ein Ausspruch des heiligen Maximilian Kolbe, heute ist er wieder aktuell. Die Sekten und Bewegungen pflegen diese Gleichgültigkeit und wir sehen sie in vielen Bereichen des Lebens. Das zeigt sich im Boykott der Wahlen in vielen Ländern Mittel- und Osteuropas. Bei uns haben sich 54 % der berechtigten Wähler absentiert. Und das Ergebnis ist klar: die Postkommunisten kommen wieder zur Regierung. Außerdem ist eine Gleichgültigkeit hinsichtlich der Geschichte der einzelnen Nationen festzustellen – und dabei ist die Geschichte besonders für das Selbstverständnis Europas von außerordentlicher Bedeutung.

Und noch etwas, was uns viel zu denken geben muß: Es geht um das Schweigen über den Bösen Geist oder auch seine totale Negation, die sogar von manchen Theologen vertreten wird. Auch diese Negation ist ein Echo der Gnosis der ersten drei Jahrhunderte, wonach der Mensch nach dem Leben einen guten Gott treffen und in ihm selig werden werde. Die geschaffene Welt konnte ja nicht von einem guten Gott stammen, man hat sogar geglaubt, daß die Welt vom Teufel geschaffen worden ist. In dieser Zeit entstanden dann auch die ersten satanischen Sekten, die den Teufel verehrt haben. Wir haben mit diesen Satanisten auch heute wieder zu tun. Was sagen wir dazu? Wir müssen auf dem Grund des Evangeliums stehen. Es bezeugt uns, daß die Existenz des Bösen Geistes eine Realität ist. Ohne sie verfallen wir entweder in einen Teufelskult oder einen Dualismus von Gott und Bösem Geist, oder aber wir werden nichts davon verstehen, was in der Welt geschieht. Wir müssen fragen und auch eine Antwort auf die Fragen geben können: woher stammt das Böse in der Welt? Wer steht hinter dem massenhaften Töten in den Konzentrationslagern, in den Gefängnissen und sibirischen Lagern. Warum das Töten so vieler ungeborener Kinder, warum das Töten in den Filmen, so daß man heute schon von einem "Leichenfernsehen" spricht? Woher die absolute Freiheit? Hat der Böse Geist nicht schon einmal zu den ersten Menschen gesagt: "Ihr werdet nicht sterben, ihr werdet wie Gott sein" (vgl. Gen 3,4-5), und er wußte dabei, daß sie sterben werden und daß absolute Freiheit ohne Gott direkt zum Sterben führt. Wenn wir nun auf dem Grund des Evangeliums stehen, so müssen wir es begreifen, daß der Böse Geist der größte Feind eines Menschen ist. Aus Neid gegen ihn begann er den Menschen, besonders jene, die in Christus geboren wurden, zu hassen. Christus bezeichnet darum den Satan als einen Mörder von Anfang an, als einen Lügner und Vater der Lüge (vgl. Joh 8, 44). Darum sagt auch der heilige Petrus ganz klar: "Seid nüchtern und wachsam! Euer Widersacher, der Teufel, geht wie ein brüllender Löwe umher und sucht, wen er verschlingen kann" (1 Petr 4, 8). Im Bösen Geist gibt es keine Wahrheit, sie ist nur in Christus. Und eben dieser Christus hat den Bösen schon besiegt, darum brauchen wir Christen keine Angst mehr vor dem Teufel haben (vgl. Joh 16, 33).

So wird auch die Betonung der Wahrheit, sowohl im Evangelium als auch in der Katholischen Soziallehre, verständlich. Ohne die Wahrheit gibt es keine Freiheit, ohne sie keine Erlösung, ohne sie keine Kultur, die Johannes Paul II. als eine ewige Suche nach dem Wahren, Schönen und Guten bezeichnet.[22] Ohne Wahrheit wird es auch kein einiges Europa und keine Verständigung der Völker geben. Das alles ist nur in der Wahrheit möglich.

7. Es gibt aber auch die Wahrheit ohne Liebe nicht. Wahrheit verwirklicht sich in der Liebe. Man braucht sich also nicht zu wundern, wenn die beiden letzten Päpste immer wieder von einer "Zivilisation der Liebe" sprechen.[23] Paul VI. hat diesen Terminus als erster gebraucht, Johannes Paul II. hat ihn aufgegriffen, und wir wissen, daß bei uns in Polen der größte Verfechter dieser "Zivilisation" Bischof Alfons Nossol von Oppeln ist. "Zivilisation" bedeutet hier, daß die Liebe von allen, von jedem "civis" allgemein akzeptiert und verwirklicht werden muß, sie muß allgemein werden. Es geht in ihr um den Primat des "Seins" vor dem "Haben", Primat der Person vor jeder Sache, Primat des Geistes vor der Materie, Primat des "Gebens" vor dem "Nehmen" usw. Und so wie wir von der Wahrheit gesprochen haben, so müssen wir auch von der Liebe sprechen. Es wird ohne Liebe zu keiner Verständigung unter den Völkern kommen; es kann zwar Kompromisse oder Toleranz und Frieden auf kurze Zeit geben, dauerhaft ist eine Verständigung unmöglich. Und es geht nicht nur um Verwirklichung der Worte Christi "Was ihr für einen meiner geringsten Brüder getan habt, mir habt ihr es getan" (Mt 25, 40f.). Es geht noch um etwas Größeres: um die Feindesliebe.

Im dritten Buch des berühmten französischen Konvertiten André Frossard, "Le Monde du Pape Jean Paul II" aus dem Jahre 1991 – die Interviews sind inzwischen aktualisiert – lesen wir die Antwort des Papstes auf die Frage: "Wird es in Palästina zu einem Frieden kommen? Und was wird dort helfen: Dialog, Verhandlungen oder Gewalt?" Der Papst antwortete: "Dort wird keine Ruhe eintreten, solange man dort die Worte des Herrn aus der Bergpredigt nicht ernst nehmen wird 'Liebet eure Feinde', sonst wird immer nur 'Auge um Auge und Zahn um Zahn' gelten. Eine andere Lösung gibt es nicht".[24] Darum auch die immer aktuelle "Zivilisation der Liebe", die durch Wahrheit und Glauben wirksam wird (vgl. Gal 5, 6).

Insgesamt habe ich damit ein gewaltiges Programm aufgestellt. Es ist ein Programm auf der Basis des Evangeliums und der Katholischen Soziallehre. Die Realisierung dieses Programms hängt von jedem von uns ab. Es brauchen nicht große Taten vollbracht zu werden, es genügen manchmal kleine Schritte. Jeder kleine Schritt zählt, um zur Überwindung der geistigen Krise in Europa zu gelangen. Und jeder kleine Schritt ist auch ein Beitrag zur Verständigung der Völker in unserem Europa, denn Europa ist für uns keine Abstraktion, Europa ist für uns eine Familie.

Und ganz zum Schluß nütze ich die Gelegenheit aus, um Ihnen allen, den anwesenden Vertriebenen, den Mitarbeitern der Kulturstiftung der deutschen Vertriebenen und besonders jenen, die einst an der "Charta der Deutschen Heimat" gearbeitet haben – es war das Jahr 1950 – herzlichst zu gratulieren. In der "Charta" haben Sie sich alle zur deut-

---

22 Enzyklika "Centesimus Annus", Nr. 36 und 51.

23 Paul VI., Homilie zum Abschluß des Heiligen Jahres am 25.12.1975, und: Botschaft zum Friedenstag 1977; Johannes Paul II., Enzyklika "Sollicitudo rei socialis", Nr. 42; außerdem "Centesimus annus", Nr. 10f.

24 André Frossard, Le Monde du Pape Jean Paul II, Paris 1991, polnische Ausgabe: Świat Jana Pawla II, Kielce 1992, S. 78.

schen Heimat und zum "Recht auf die Heimat" bekannt. Aber Sie haben damals zugleich auf jede Rache und Vergeltung verzichtet.[25] Ich danke Ihnen dafür. Sie haben als Christen gehandelt. Und eben das ist ein wertvoller Beitrag zur Überwindung der europäischen Krise. Von diesem Schritt, der heute vielen unbekannt ist, muß gesprochen werden. Dieser Schritt gehört zu der Zivilisation der Liebe.

---

25 Siehe "Vertreibung", in: Brockhaus-Enzyklopädie, Wiesbaden 1974, Band 19, S. 575-577.

**Krystian Heffner**

# Polen als Reformstaat auf dem Weg nach Europa. Probleme der wirtschaftspolitischen Umgestaltung am Beispiel Schlesiens

## I

Der politische Umsturz, der sich seit 1989 in Mittel- und Osteuropa vollzog, brachte eine große Herausforderung für die Nationen unseres Kontinents mit sich. Es entstand eine reale Möglichkeit, die Folgen der Teilung Europas, die fast ein halbes Jahrhundert nach den Bestimmungen von Jalta andauerte, zu beseitigen und gleichzeitig eine Vereinigung Europas in einem geographischen Vorstellungen entsprechendem Ausmaß vom Atlantischen Ozean bis an das Uralgebirge zu erreichen. In den Ländern Ost- und Mitteleuropas haben seitdem tiefgreifende Transformationsprozesse der Verfassungssysteme – der Aufbau der Demokratischen Ordnung und die Wiederkehr der Marktwirtschaft – stattgefunden. Der Zusammenbruch des "Eisernen Vorhangs", dessen Symbol das reale Einreißen der Berliner Mauer war, hat sehr schnell die großen Unterschiede in Struktur und ökonomischem Niveau zwischen den beiden Teilen Europas, dem westlichen und dem postkommunistischen, deutlich werden lassen. Man kann der Ansicht sein, daß diese Differenzen dort am deutlichsten offenbar werden, wo eine Integration von Regionen vollzogen wird, die über 45 Jahre in entgegengesetzten Verfassungssystemen – bei vergleichbarer Ausgangsbasis – existiert haben, also auf deutschem Gebiet nach der Vereinigung.[1]

Polen befindet sich in einer besonderen Situation: es grenzt jetzt an das Gebiet des vereinigten Europas und liegt an den Hauptverbindungen zwischen Osten und Westen sowie Norden und Süden. Polen hat immer zur europäischen Kulturgemeinschaft gehört, und das polnische Volk hat durch sein wiederholtes Auflehnen gegen die Tyrannei und sein hartnäckiges Festhalten an historischen Werten und Traditionen zum Umsturz des totalitären kommunistischen Regimes in Mitteleuropa beigetragen. Polen gehört heute zu den Ländern, die besonders weitreichende Maßnahmen bei der Systemumwandlung ergreifen. Im fünften Jahr ihrer Realisierung kann – nach einer tiefen Wirtschaftsrezession – bereits von Anzeichen einer ökonomischen Belebung und von Zuwachstendenzen in der Produktion gesprochen werden. Die sozioökonomische Lage ist in Polen noch immer sehr kompliziert; die Wiederherstellung der Marktwirtschaft ist äußerst schwierig und mit großen Lasten für die Gesellschaft verbunden, wobei die Arbeitslosigkeit auf erster Stelle steht. Die Umstrukturierung wird außerdem durch äußere Einflüsse erschwert. Der Markt des ehemaligen Rates für Gegenseitige Wirtschaftshilfe – mit dem Polen seit den fünfziger Jahren gezwungenermaßen verbunden war – ist

---

1 Der erste Teil dieses Beitrags wurde auf der Basis eines Vortrags erarbeitet, der von Prof. Dr. habil. B. Winiarski (Ökonomische Akademie Wrocław/Breslau) für eine Tagung in der Evangelischen Akademie Mülheim vorbereitet wurde.

zerfallen, parallel zur Auflösung der Strukturen, die den mitteleuropäischen Ländern durch die sowjetische Herrschaft künstlich aufgezwungen worden waren.

Der Wirtschaftsverfall dieser Länder hat den einst erheblichen polnischen Export dorthin sehr eingeschränkt. Große Hoffnungen wurden an die Möglichkeit einer Öffnung des Westens für Exporte geknüpft. Eine solche Aufhebung der Handelsschranken wurde tatsächlich einseitig von seiten Polens vorweggenommen, welches radikale und weitgehende Importliberalisierungen einführte, aber auch auf entsprechende Maßnahmen seiner Handelspartner gesetzt hat. Polen hat gleichzeitig intensive Bemühungen in Richtung auf eine Integration in westliche Organisationen, z.B. auf eine Mitgliedschaft in der Europäischen Union, unternommen. Es hat sich jedoch gezeigt, daß der Weg zum Ziel nicht gerade und auch nicht leicht ist, daß er große Anstrengungen und viel Geduld erfordert, daß die Bewältigung dieses Weges nicht allein von der Schaffung eines gemeinsamen europäischen Bewußtseins in der polnischen Gesellschaft abhängt.

Von seiten der Länder der Gemeinschaft – heute "Europäische Union" – hat man gegen diesen Prozeß viel einzuwenden, aber es kommt nicht nur auf deren guten oder schlechten Willen an. Es handelt sich hier um das Anwachsen eines Zusammengehörigkeitsgefühls und um die Suche nach Lösungen, vielleicht stufenweise Lösungen, denn man kann nicht die gesamte Problematik, ein ganzes Geflecht von Problemen großen ökonomischen und politischen Gewichts, durch ein einmaliges Manöver lösen. Man muß auch offen darüber reden und sich nicht nur auf Deklarationen des guten Willens beschränken. In den Gesprächen zwischen engsten Nachbarn – solchen, wie es jetzt die Polen und die Deutschen sind – ist dieses meiner Meinung nach sehr wesentlich (vgl. Literaturanhang Nr. 1,5,7).

## II

Blicken wir zuerst auf die heute, nach Beseitigung des *Eisernen Vorhangs*, in Europa bestehenden wirtschaftspolitischen Regionalorganisationen und ihr demographisches und ökonomisches Potential.

1. Diese Regionalorganisationen bilden in Westeuropa die Europäische Union und die EFTA *(Europäische Freihandels-Assoziation)*

In den zwölf Mitgliedstaaten der Europäischen Union lebten Anfang der neunziger Jahre 340 Millionen Menschen, die insgesamt ein jährliches Bruttosozialprodukt in Höhe von ca. 4 000 Milliarden Ecu erarbeiten. Das entspricht ungefähr 80% des Bruttosozialproduktes von ganz Europa, nicht eingerechnet das Produkt, daß auf dem Gebiet der ehemaligen UdSSR erwirtschaftet wurde.

Die EFTA-Länder zählten damals ca. 35 Millionen Einwohner und erwirtschafteten jährlich ein Bruttosozialprodukt in Höhe von 550 Milliarden Ecu.

Die beiden westlichen Staatengruppen mit einer Bevölkerung von nicht ganzen 400 Millionen Bevölkerung kamen damit auf ein Bruttosozialprodukt von beinahe 4 600 Milliarden Ecu jährlich.

2. In Ostmitteleuropa, nicht gerechnet die Nachfolgestaaten der ehemaligen UdSSR, leben über 120 Millionen Menschen, die Anfang der neunziger Jahre ein Bruttosozialpro-

dukt von ca. 470 Milliarden Ecu aufwiesen. Die Länder der sogenannten Visegrad-Gruppe, das sind Polen, Tschechei, Ungarn und Slowakei, zählen zusammen ca. 65 Millionen Einwohner.

3. Die Staaten im europäischen Teil der ehemaligen UdSSR (also westlich des Uralgebirges) umfassen insgesamt ca. 185 Millionen Einwohner. Wir besitzen keine exakten Informationen über das Ausmaß der Bruttosozialprodukte der Länder dieser Region, das in Ecu zu bemessen wäre. Eine Umrechnung der – in Landeswährung bezifferten – statistischen Informationen ist sehr trügerisch.

An einer Wirtschaftsintegration in Westeuropa sind grundsätzlich alle Länder Ostmitteleuropas, die im Punkt 2 aufgezählt wurden, interessiert. Die Bevölkerung der EG- und EFTA-Staaten ist 3,3 mal so groß wie die der Staaten Ostmitteleuropas (*ohne das Gebiet des ehemaligen UdSSR)*. Das entsprechende Bruttosozialprodukt ist aber annähernd zehnmal so groß. In den letzten vier Jahren hat sich diese Relation wegen der Rezession noch zu Ungunsten der Länder Ostmitteleuropas verschoben. Die Quotienten aus Bevölkerungszahl und Bruttosozialprodukt sind im folgenden für Deutschland und Polen für die Jahre 1992-1993 ausgewiesen:

– 80,6 Millionen Einwohner : 38,5 Millionen Einwohner (=2,094)[2];
– 2 794,2 Milliarden DM : 1 142 430 Milliarden Zł (=0,002446).

Wenn wir die Relation zwischen der DM und Zł nach heutigen Stand annehmen, die bei 15 000 Zł für eine DM (Nov. 1994) liegt, dann ergibt sich für das Bruttosozialprodukt pro Einwohner in Deutschland (für das Jahr 1992/93) ein etwa 20 mal höherer Wert als für Polen.

Nach dem Zerfall des Ostmarktes hat sich der Westmarkt, der vor allem aus den Ländern der Europäischen Union bestand, für Polen als außerordentlich wichtig erwiesen. Von einer Vergrößerung unseres Exportes nach Westen hängen nicht nur die Aufrechterhaltung unseres Wirtschaftswachstums und ein definitives Ende der Wirtschaftsdepression ab, sondern auch die Möglichkeit, unsere Schuldverbindlichkeiten, in die uns die kommunistische Regierung gebracht hat, abzubauen. Uns wurde eine Verminderung der Schulden zugesprochen, aber ihre Gewährung hängt von einer termingerechten Tilgung und – schon in nächster Zukunft – von rechtzeitiger Rückzahlung der Kreditraten ab. Und hier entsteht das erste große Problem: der "Gemeinsame Europäische Markt", in dem alle Hindernisse und Hürden für eine unbegrenzte Menschen-, Waren- und Produktionsmitteltransfers beseitigt wurden, hält diese Hindernisse bezogen auf seine Außengrenzen aufrecht. Die EU-Politik, liberal innerhalb ihrer Grenzen, ist gleichzeitig protektionistisch im Umgang mit den angrenzenden Nichtmitgliedsländern – nicht nur in bezug auf Polen und andere Länder des Ostmitteleuropas. Ein zweites wesentliches Problem sind die in der Europäischen Gemeinschaft geltenden Normen- und Standards, zu deren Einhaltung unsere Produktion noch nicht in der Lage ist.

Polens Bemühungen um den Zugang zum Westmarkt haben bereits einige Auswirkungen gezeitigt. Bekanntlich haben wir den Status eines sogenannten *Assoziierten Mitgliedes* der Europäischen Gemeinschaft zugesprochen bekommen. Der Mitgliedschaftsver-

2 Zahlenwerte nach *Mały Rocznik Statystyczny GUS 1994, S. 344 und 372.*

trag zwischen der Europäischen Gemeinschaften und Polen, der am 16. XII. 1991 unterzeichnet wurde, ist ein sehr ausführliches Dokument. Sein polnischer Text zählt zusammen mit den Anlagen und Protokollen, die sehr wichtige Bestimmungen enthalten, über 300 Seiten dicht beschriebene Seiten.[3] Die Bestimmungen dieses Vertrages beziehen sich auf den Dialog zwischen den Ländern der Europäischen Gemeinschaft und Polen, auf die stufenweise Einführung der Grundsätze des freien Handels, Reduktion der Importzollgebühren, Erleichterung der Zahlungsbedingungen und der Konkurrenz, Annäherung der Rechtsnormen, Zusammenarbeit in Wissenschaft, Kultur, Industrie und Finanzen. Konkrete Verpflichtungen beider Seiten, die sich auf Regulationsgrundsätze des Waren-, Kapital- und Menschenstromes zwischen der Gemeinschaft und Polen sowie die Termine des angestrebten schrittweisen Zollabbaus und anderer Einschränkungen beziehen, sind in Anlagen spezifiziert.

Der Vertrag soll zehn Jahre lang gültig sein, besagt aber nichts über die eventuelle Aufnahme Polens in die Europäische Gemeinschaft und die Einräumung von Mitgliedsrechten nach Ablauf dieser Frist. Es ist daher nicht verwunderlich, daß, nach der langen Wartezeit auf eine schnelle Integration in den Westen, diese Formulierung vielfach Enttäuschung hervorgerufen hat. Der Vertrag wurde vom polnischen Parlament im Juli 1992 nach harter Diskussion ratifiziert. Bei einer Reihe der Abgeordneten haben die Bedingungen der Assoziierung, welche den Absatzmarkt der Gemeinschaft recht weitgehend auf verschiedene Produkte beschränkt – vor allem Nahrungsmittel, Textilien und Stahlerzeugnisse – wie auch die Importreglementierung der Produkte aus Polen, die konkurrenzfähig sind, Vorbehalte geweckt.

Unter diesen Bedingungen ist der polnische Export von Produkten, die trotz starker Konkurrenz die Möglichkeit hätten, auf dem Markt der Gemeinschaft Käufer zu finden, durch Zollbestimmungen reglementiert; auf dem Verwaltungsweg werden Kontingente festgelegt. Die Bestimmungen des Vertrages sind dagegen großzügiger in bezug auf solche polnischen Produkte, die auf Grund der zwischen dem Westen und den postkommunistischen Ländern bestehenden *"Technologielücke"* einfach minderwertig sind, oder aber auf dem Westmarkt unbekannt sind und deshalb einer großen Werbekampagne, die sich die polnischen Firmen nicht leisten können, bedürfen. So ist es zum Beispiel gelungen, auf dem Markt der Gemeinschaft bis Ende August 1993 circa 90 Prozent des zollfreien Kraftwagenkontingents, das vor allem mit dem in Polen von FIAT hergestellten Modell *Cinquecento,* der auch über das europäische FIAT-Händlernetz vertrieben wird, zu plazieren. Aber wir konnten in derselben Zeit auf dem EU-Markt keine in Polen hergestellten Mikrowellengeräte und keine Fernsehapparate mit eingebauten Videorecordern verkaufen.

Es hat sich herausgestellt, daß dort, wo die Konkurrenz polnischer Produkte spürbar ist, die entsprechenden Gemeinschaftsorgane keine Bedenken haben, zu verschiedenen Begrenzungen von Sondertarifen und Sonderkontingenten zu greifen. Im Jahre 1993 wurden – unter Berufung auf hygienische Bedingungen – Restriktionen in bezug auf den Fleisch- und Viehimport aus Polen angewendet, später auch auf den Früchteimport, insbesondere der Sauerkirschen, wegen der – nach Meinung der EU-Beamten – zu niedri-

3 Siehe *Układ Europejski - Anlage zu dem Druck br 220,* Sejmkanzlei RP, Warschau 1992.

gen Preise. Einige Wochen später entstanden Probleme mit dem Zugang polnischer LKW-Spediteure und Schiffsfrachtunternehmen auf das Gebiet der Europäischen Union. Diese haben den Transport auf der Oder und den mit ihr verbundenen Binnengewässern an sich gezogen, *wahrscheinlich wegen konkurrenzfähiger Preise der Dienstleistungen.* Unangenehme Spannungen und Massenproteste der Schiffsinhaber und der Mannschaften in der Stettiner Bucht waren die Folge. Polnische und deutsche Regierungsorgane mußten herangezogen werden, um diese Mißverständnisse zu klären.

Es besteht freilich kein Zweifel, daß die Probleme bei der Marktintegration Polens in die Europäische Union, die zur Zeit bestehen, nicht vom guten oder bösen Willen der Brüsseler Beamten abhängen, sondern – und das vor allem – aus der ungenügenden Anpassung der polnischen Wirtschaft, *ähnlich der der anderen Länder Ostmitteleuropas,* an die Wirtschaft der Westländer resultieren. Die Probleme bestehen auch wegen technischer und organisatorischer Rückständigkeit und mangelhaftem Marketing. Hier muß nicht nur die erforderliche Strukturanpassung, die natürlich zeitaufwendig ist, erfolgen, sondern auch ein gut abgestimmtes Vorgehen von Unternehmen und öffentlichen Organen, die für ihre Handlungen die entsprechenden Bedingungen und Institutionsrahmen schaffen, gewährleistet sein. Wir sind uns bewußt, daß nach vierzig Jahren der Kollektivwirtschaft in Polen – wie auch in anderen postkommunistischen Ländern – verschiedene gravierende Schäden bestehen. Die sogenannte *"Schocktherapie"*, die bei uns im Namen einer schnellen Einleitung und Durchführung der Transformationsprozesse eingeführt wurde, blieb nicht ohne Nebenwirkungen in Gestalt einer Teildestruktion des Produktionspotentials. Dies hat zur Folge, daß die Wirtschaft eines postkommunistischen Landes einem Patienten gleicht, der eine lange und sehr schwere Krankheit überlebt hat, und der nun – ohne ein großes Risiko einzugehen – nicht in einen offenen und harten Kampf mit unvergleichbar stärkeren Partnern eintreten kann. Dieser Kampf könnte die Krankheit vielleicht unterdrücken, aber bestimmt nicht zum Wiedergewinn der Kräfte und der Entwicklungschancen verhelfen (vgl. Literaturanhang Nr. 2).

## III

Die Asymmetrie des organisationstechnologischen Potentials und des Niveaus der polnischen Wirtschaft im Vergleich mit den westlichen Staaten wie auch die hier offenbar werdende mangelhafte Anpassung an die Strukturen rechtfertigen die Meinung, daß die sofortige Aufnahme Polens in die Europäische Gemeinschaften mit vollen Rechten – aber auch Pflichten – eines Mitgliedes eine Reihe nichterwünschter Auswirkungen mit sich bringen würde. Das Beispiel der *Neuen Länder*, die unmittelbar aus dem "Zentralen Anweisungs-Verteiler-System der Verwaltung" in die von Marktmechanismen gesteuerte Wirtschaft übergingen und gleich in den Markt der Gemeinschaft einbezogen wurden, ist sehr aufschlußreich. Man muß auch bedenken, daß Polen auf eine Hilfe, die nur einen kleinen Bruchteil dessen ausmacht, was die *Neuen Länder* nach der Vereinigung aus der Bundeskasse erhalten, angewiesen ist und auf nur annähernd vergleichbare Mittel aus Hilfen der EU nicht rechnen kann. Deshalb würden wir uns – obwohl es widersinnig klingen mag – gegen das Drängen auf beschleunigte Aufnahme Polens in die Europäische Union aussprechen.

Eine Übergangsperiode, in der wir assoziiertes Mitglied bleiben, ist für unsere Wirtschaft sehr nötig. Es ist wichtig, daß diese Zeit entsprechend genutzt wird. Sowohl eine vollständige Systemumgestaltung als auch – und dies in besonderem Maße – die Privatisierung der Wirtschaft und die Schaffung von Bedingungen, die ein gutes Funktionieren der Marktregulierung ermöglichen, sind notwendig. Weiterhin gilt es, die nötigen Strukturanpassungen durch die Umstrukturierung einer Reihe von Industriezweigen, der Landwirtschaft, des Transports und der Banken zu gewährleisten sowie die Überleitung der polnischen Wirtschaft zu stabilisiertem Wachstum bei erfolgreicher Bekämpfung der Inflation und Überwindung der Arbeitslosigkeit zu erreichen.

In dieser Zeit müssen auch zahlreiche andere Manöver vollzogen werden, die der Wirtschaft Polens ein günstiges Funktionieren im Rahmen der Gemeinschaft ermöglichen. Die bei uns geltenden technischen Normen und qualitativen Anforderungen müssen den Standards der Gemeinschaft angepaßt werden, unter anderem auch im Bereich des Umweltschutzes. Auch die Vorschriften des Wirtschafts- und Zivilrechtes müssen den westeuropäischen Normen angeglichen werden. Wir müssen lernen, unsere Produkte nach den Regeln des aktuellen Marketings effektiv zu vermarkten.

Eine besondere Frage ist in Polen die Ausbildung von tüchtigen und gewandten Unternehmern. Die Schicht der ehemaligen Unternehmer wurde in der Zeit der durch die Parteinomenklatur zentral gesteuerten Regierung sehr erfolgreich eliminiert. Die Bedingungen, unter denen die Umgestaltung der Gesellschaftsordnung erfolgt, erleichtert die Neuformierung dieser Schicht nicht. Die Rolle der Unternehmer wird heute oft von Spekulanten und Vertretern der sogenannten *Grauen Schicht* übernommen. Es scheint, daß auch dieses Problem ebenso wie die stufenweise Wiederherstellung der ethischen Grundlagen des Wirtschaftslebens Zeit benötigen wird (vgl. Literaturanhang Nr. 3, 4).

## IV

Wenn wir feststellen, daß Zeit und Geduld – neben Entschlossenheit und Konsequenz – in den Anpassungsprozessen gebraucht werden, um Polen eine vollwertige Mitgliedschaft in der Europäischen Union zu ermöglichen, dann meinen wir auch, daß die Steuerung dieser Prozesse einer aktiven Zusammenarbeit beider Seiten bedarf, das heißt Polen, *die anderen postkommunistischen Länder* und die Länder der Europäischen Gemeinschaft müssen mit den verantwortlichen Organen möglichst umfassend kooperieren. Wir sind der Meinung, daß eine Erweiterung des europäischen Absatzmarktes auch für die westlichen Staaten und ihre immer stärker zusammenwachsende Wirtschaft ebenso nützlich sein kann wie die Schaffung von Möglichkeiten für eine schnelle Beseitigung ökonomischer Rückstände in den postkommunistischen Ländern, die in 45 Jahren nach der in Jalta vollzogenen Teilung Europas entstanden sind. Ein weitsichtiges Vorgehen führt zwangsläufig zur Unterstützung der Staaten Ostmitteleuropas, die positiven Folgen überwiegen mögliche Risiken begrenzter und temporärer Verluste bei weitem.

Verständigt man sich auf dieser Basis, so könnte man überlegen, wie die verschiedenen Formulierungen des Assoziationsvertrages einer elastischeren Interpretation zugeführt werden können, insbesondere in Angelegenheiten, die mit dem Ordnen der Handelsbeziehungen und dem Transfer der Produktionsmittel verbunden sind.

Die Erfahrungen der letzten vier Jahre mit dem Transformationprozeß in Polen haben gezeigt, daß die Befürchtungen, die mit einer einseitigen Öffnung unserer Wirtschaft für den Import verbunden waren, berechtigt waren. Bei ihrer noch immer begrenzten qualitativen Vergleichbarkeit und beim Fehlen angemessenen Entgegenkommens von seiten der Auslandspartner ergibt sich eine erhebliche Gefährdung der in Polen beheimateten Wirtschaft. Die Asymmetrie in der Liberalisierung des Güterstromes, der Dienstleistungen und Produktionsmittel vertiefen noch das Maß ungleicher Möglichkeiten gleich zu Beginn des Kontaktes, und die Zeit der Umgestaltung wird in dem betroffenen postkommunistischen Land ebenso verlängert wie die Zeit, in welcher es die Fähigkeit, seinen Verpflichtungen zu genügen, erreicht. Es hat den Anschein, daß die Länder der Europäischen Union größeres Verständnis für die besondere Konzeption des Schutzes eigener Produktion durch Polen aufbringen müßten, denn je eher sich die polnische Wirtschaft festigt, desto früher wird Polen eine Erweiterung seines Imports aus dem Raum der Europäischen Union zulassen können und sein Importsortiment zugunsten der Investitionsgüter erweitern. Heute überwiegt noch immer die Einfuhr von Konsumgütern – unter anderem sind dies gebrauchte und durch Unfälle beschädigte PKW.

Eine Reihe polnischer Wirtschaftszweige kann nur unter großen Risiken offener Konkurrenz ausgesetzt werden. Aus der Geschichte ist bekannt, daß alle Länder, die heute zu den ökonomisch potenten Mächten gehören, in der Zeit, in der sie ihr Wirschaftspotential bauten, eine Politik der Schutzmaßnahmen für die eigene Industrie, die Landwirtschaft, den Transport und Handel betrieben haben, die erst nach dem Erstarken auf dem internationalen Markt liberalisiert wurde. England hat seine Importbegrenzungen erst im Jahre 1820 stufenweise abgeschafft; erst zu diesem Zeitpunkt wurden die Bestimmungen aus der Navigationsakte Cromwells aufgehoben. Die Notwendigkeit des Denkens und Handelns zugunsten der nationalen Wirtschaftsinteressen hat breit und überzeugend der hervorragende deutsche Ökonom Friedrich List beschrieben. Ich glaube, daß seine Ratschläge heute für Polen aktueller sind als die Ansichten von Adam Smith und David Richard, die vor dem Hintergrund der hochentwickelten englischen Wirtschaft, die vor allen anderen die erste industrielle Revolution vollzog, formuliert wurden.

Es scheint, daß wir, während die polnische Wirtschaft auf die Bedingungen einer entwickelten Weltwirtschaft vorbereitet wird, auf begrenzte Formen eines gemäßigten Protektionismus nicht verzichten können, und unseren Geschäftspartnern die Unabdingbarkeit dieser Maßnahmen verdeutlichen müssen. Natürlich müssen die Schutzmaßnahmen der Nationalproduktion bedächtig und maßvoll durchgeführt werden, unter voller Beachtung der schon eingegangenen Verpflichtungen, mit eventueller Anpassungen dort, wo sie für den schwächeren Partner eindeutig unvorteilhaft sind. Ein konkurrierender Import ist natürlich nötig – es geht aber darum, die eigenen Produzenten schockartig zu beeinflussen und zu Innovationen und zur Kostensenkung zu motivieren, jedoch ohne sie aus dem Markt zu verdrängen, es sei denn, daß es sich um Firmen handelt, die keine Chancen haben, sich den neuen Bedingungen anzupassen. Mit zunehmender Vergleichbarkeit der einzelnen Produktionszweige müßten die Schutzmaßnahmen allmählich herabgesetzt werden, und gleichzeitig müßten die Bedingungen einer vollen Beseitigung des Protektionismus für den Zeitpunkt vorbereitet werden, wenn Polen die Rechte eines Mitgliedes der Europäischen Union erlangt.

Ich stelle mir vor, daß Polen für derartige Vorbereitungsmaßnahmen mit der erforderlichen neuen ökonomischen Politik circa zehn bis voll Jahre benötigt. In der Zwischenzeit ist der Beitritt Polens in die Europäische Union – meiner Meinung nach – durchaus möglich, sofern unsere Bemühungen von den Regierungen und Wirtschaftskreisen mit Verständnis angenommen und unterstützt werden. Eine praktische Hilfe bestünde in nennenswerten Investitionen in die Industrie Polens durch Westunternehmen. Sie könnten bei Aufnahme und Ausbau ihrer Tätigkeiten in unserem Lande während der Übergangszeit auch von allen Erleichterungen und Schutzmaßnahmen Nutzen ziehen, an die für die einheimischen Unternehmen gedacht sind. Leider sind zur Zeit die Investitionen sehr bescheiden; sie beschränken sich oft nur auf die Übernahme schon bestehender Unternehmen, die der Privatisierung unterliegen, ohne eine tatsächliche Vergrößerung des bestehenden Vermögens und der Produktivkräfte Polens zu bewirken.

## V

Wenn wir von einer vollen Integration Polens in die Europäische Union sprechen, dann muß uns bewußt sein, daß sich deren Strukturen und Funktionsgrundlagen ändern müssen – und zwar um viel mehr als es die Maastrichter Entschlüsse vorgesehen haben. Ich gebe zu, daß die geforderten Änderungen westliche Politiker beunruhigen können. Bekanntlich spielen in der Europäischen Union die sogenannten Strukturfonds eine große Rolle. Von diesen profitieren Problemregionen solcher Länder wie Irland, Portugal, Griechenland, Spanien, der Süden Italiens und in letzter Zeit auch Deutschland (die Neuen Länder). Wenn zur Europäischen Union die postkommunistischen Länder Ostmitteleuropas – am Anfang nur die der Visegrad-Gruppe – hinzukämen, dann müßte die Tatsache in Kauf genommen werden, daß ihre ganzen Territorien mit etwa 65 Millionen Einwohnern die Voraussetzungen für EU-Hilfen erfüllen. Entweder müßten aus den bestehenden Mitteln auch die neuen Mitglieder gefördert werden, oder die reichen Länder der Europäischen Union müßten zusätzliche Einzahlungen in das Unionsbudget auferlegt bekommen (vgl. Literaturanhang Nr. 6).

Es ist nicht verwunderlich, daß die Aufnahme neuer Mitglieder weder von den ökonomisch schwächeren Mitgliedern, die den Verlust von Teilen ihrer gegenwärtigen EU-Hilfen befürchten, noch von den ökonomisch stärkeren forciert wird, die dann größere Belastungen befürchten müßten. Früher oder später wird es aber zu einer Erweiterung des Gebietes und der Anzahl der Mitglieder der Union kommen. Es wäre also wünschenswert, daß die neuen Mitgliedsländer nicht als arme Verwandte, die nur Hilfe erwarten, angenommen würden, damit das europäische Solidaritätsempfinden nicht auf eine allzu schwere Probe gestellt wird.

Zu den vorangestellten allgemeinen Überlegungen nun noch einiges über die Lage und die Rolle des Oppelner Schlesiens* aus eigenen Untersuchungsergebnissen.

---

* Gemeint ist im wesentlichen das Gebiet der Woiwodschaft Oppeln, d.h. Oberschlesien ohne das eigentliche Industriegebiet.

## VI

Dieser Teil meines Beitrags wird von zwei wesentlichen Faktoren bestimmt: er soll die geschichtliche und die gegenwärtige Rolle Oppelns als den Knotenpunkt innerhalb der großregionalen Struktur zeigen. Dazu habe ich die Geschichte, die Prozesse der Besiedlung – im sozialen und ethnischen Bereich – und die Verwaltungs- und Wirtschaftsfragen berührt. Ich habe untersucht, im welchem Verhältnis sie zueinander stehen und was sie für die Regionalgliederung bedeuten. Außerdem erweist sich das Oppelner Schlesien als eine Mischregion mit vielen Eigenschaften des polnisch-deutsch-tschechischen Grenzgebietes. Es handelt sich um ein ethnisch-kulturelles Grenzgebiet, von einer Bevölkerung bewohnt, die bodenständig ist, ethnisch wie national aber große Unterschiede zeigt, was zu subjektiven und national bestimmten Optionen geführt hat. So hat sich heute eine deutsche Minderheit im Rahmen der Gesamtbevölkerung des Oppelner Schlesien herausgebildet. Die aus den ehemaligen polnischen Ostgebieten Eingewanderten, die Übersiedler aus Zentralpolen und die Reemigranten bilden aber die Mehrheit. Infolge eines so komplizierten Gesellschaftssystems sind die Integrationsprozesse bis in die Gegenwart durch die regionale Eigenart geprägt worden.

Nach dem Ausbruch des Zweiten Weltkrieges und der Besetzung Ostoberschlesiens durch die deutschen Truppen wurde unverzüglich (Oktober 1939) eine neue Territorialverwaltung geschaffen: die Provinz Schlesien, in welcher die Regierungsbezirke Breslau, Liegnitz, Oppeln und Kattowitz lagen. Letzteres wurde anfangs Ostoberschlesien genannt. 1941 (formal noch 1940) wurden zwei schlesische Provinzen kreiert: Oberschlesien mit Kattowitz und Niederschlesien mit Breslau als Provinzhauptstadt. In die erste gingen die Regierungsbezirke Oppeln und Kattowitz, in die zweite Breslau und Liegnitz ein. Man kann sagen, daß sich gerade in den vierziger Jahren die endgültige Teilung Oberschlesiens in zwei sozioökonomische Zonen vollzog:

- der oberschlesische Ballungsraum mit unmittelbarem Hinterland im südöstlichen Teil (Kattowitz); und
- das Oppelner Schlesien, das als äußere Landwirtschafts- und Industriehülle diesen Ballungsraum umgreift und auch einen Übergangsraum zum Breslauer Zentralraum bildet.

Die nach dem Zweiten Weltkrieg übernommene Aufgabe, eine *große* Schlesische Woiwodschaft zu bilden, die außer der oberschlesischen Agglomeration mit dem Teschener Schlesien auch das Oppelner Schlesien und das Dąbrowabecken umfaßte, ist gänzlich mißlungen. Schon nach vier Jahren (1946-1950) wurde sie anläßlich der Territorialverwaltungsreform des Landes in die Kattowitzer *(Oberschlesische Agglomeration mit Teschener Schlesien und Tschenstochauer Land (Ziemia Częstochowska))* und die Oppelner Woiwodschaft *(Oppelner Region mit den westlich gelegenen ehemaligen Kreisen Brieg und Namslau)* geteilt. Damit wurde die traditionelle Grenze zwischen Ober- und Niederschlesien, die entlang der Glatzer Neisse und Stoberau verlief, durchbrochen. Die Eingliederung beider niederschlesischer Kreise in die sozioökonomische Oppelner Region wurde ungewöhnlich schnell und erfolgreich vollzogen. Die nächste Verwaltungsreform des Jahres 1975 hat nur in sehr geringem Umfang das Oppelner Schlesien berührt. Man kann sagen, daß das Oppelner Schlesien in territorialadministrativer Hinsicht zu den beständigsten Strukturen des Landes gehört (vgl. Literaturanhang Nr. I).

## VII

Jahrelang hat man in Polen nach dem Zweiten Weltkrieg fälschlich behauptet, daß das ganze Land und damit auch das Oppelner Schlesien national homogen sei. Gerade in Oppeln und im Oppelner Ballungsgebiet konnte man unmittelbar feststellen, daß es sich hierbei um einen Raum handelte, in dem sich zwei gänzlich verschiedene Gesellschaften treffen. Gewöhnlich ist der Ort eines solchen Zusammentreffens ein Herd unzähliger, oft ungewöhnlich scharfer Konflikte. Das Oppelner Schlesien zählte aber in vierzig Nachkriegsjahren zu den ruhigsten und konfliktfreiesten Gebieten Polens. Es stand immer im Schatten der Geschehnisse der großen Nachbarstädte.

Schlesien und insbesondere der oberschlesische Raum ist der Teil von Polen, welcher sich in seiner mindestens 1000 Jahre dauernden Geschichte im Einflußbereich vieler Staaten befand, hier seien nur Böhmen, Österreich, Preußen, Deutschland und Polen genannt. Vor allem erstreckte sich hier eine polnisch-deutsche Nachbarschaftszone, die sehr deutlich die gesellschaftlichen, nationalen und wirtschaftlichen Beziehungen der Schlesier und des schlesischen Landes geprägt hat.

Das Oppelner Schlesien zählt über eine Million Einwohner und ist flächenmäßig mit dem Saarland und Luxemburg vergleichbar. Es liegt im südlichen Teil von Polen, wo es unmittelbar an die Tschechische Republik grenzt und wegen seiner dualen, polnisch-deutschen nationalen Struktur gleichzeitig eine ungewöhnlich starke gesellschaftlich-emotionale Bindung mit Deutschland hat. Aus dem letztgenannten Grunde ist dieser Teil Polens der Teil, für den sich die Deutschen wie auch der deutsche Staat mehr als für andere Teile Polens interessieren. Im neuen Europa ist die außergewöhnliche sozioökonomische Situation des Oppelner Schlesiens ein Kennzeichen, das sich in allernächster Zukunft als Determinante und als Prüfstein der Beziehungen zwischen Polen und Deutschland erweisen wird. Wie man es auch betrachten mag, das Oppelner Schlesien ist der einzige Raum in Polen, in dem seit langer Zeit schon Integrationprozeße in großen Maßstab vollzogen werden. Die Integrationmöglichkeiten der Bevölkerung waren trotz riesiger Kultur-, Gesellschafts- und Wirtschaftsdifferenzen schon aufgrund eines funktionierenden Netzes infrastrukturell gut ausgestatteter Stadtzentren gegeben, die mit einander verbunden sind (vgl. Literaturanhang Nr. IV).

## VIII

Das regionale System des Oppelner Schlesien ist hinsichtlich der Ressourcen, des Arbeitsmarktes sowie der Verkehrserschließung praktisch geschlossen, ähnliches gilt für die Wirtschaftsverbindungen. Im Jahre 1950 lag die absolute Zahl der einheimischen [autochthonen] Bevölkerung im Oppelner Schlesien fast auf gleichem Niveau wie 1910, es waren etwa 437 000 Personen, was etwa 54 Prozent der Gesamtbevölkerung bedeutete. Bei diesem – durchaus objektiv verifizierbaren – Bevölkerungsanteil muß aber berücksichtigt werden, daß sich darunter ein Teil von Personen befand, deren Polentum unzweifelhaft war. Gemäß der Volkszählung aus dem Jahre 1950 setzte sich die restliche Bevölkerung des Oppelner Schlesien aus folgenden Hauptgruppen mit unterschiedlicher regionaler Herkunft zusammen: zugewanderte Bevölkerung aus den heutigen Gebieten Polens – 165 000 Personen *(20%)*, aus der ehemaligen Sowjetunion übergesiedelte Bevölkerung: rund 193 000 Personen *(24%)* und restliche Bevölkerung *(Reemigranten aus Frankreich, Deutschland und anderen Ländern sowie nicht näher bestimmte Gruppen)*: ca. 14 000 Personen *(2%).*

## IX

In den Jahren zwischen 1950 und 1990 sind aus dem Oppelner Schlesien mehr als 210 000 Einwohner ins Ausland emigriert. Nach meinen Schätzungen hat sich diese Zahl in den Jahren 1990 bis 1992 noch vergrößert. Die Zahl der Aussiedler, die insgesamt aus dem Oppelner Schlesien in die Bundesrepublik Deutschland emigrierten, liegt bei 300 000 Personen. Aufgrund der biologischen Verluste der einheimischen Bevölkerung (einschließlich der deutschen Minderheit) ergibt sich eine Einwohnerzahl im Oppelner Schlesien in einer Höhe von etwa 370 000 – 380 000. Ausgewandert sind hauptsächlich die Dorfbewohner aus den mittleren und östlichen Teilen der Oppelner Region *(74%).* Neben den politischen Gegebenheiten ist die ständig zunehmende Familienzusammenführung der Deutschen eine zweite wesentliche Begründung für die Auswanderung (vgl. Literaturanhang Nr. II).

Die vielfach untersuchten demographisch-gesellschaftlichen Konsequenzen dieser Erscheinung weisen auf einen erheblichen Rückgang der einheimischen Bevölkerung im Oppelner Schlesien hin, verbunden mit einer Abnahme von Arbeits- und Beschäftigungsmitteln wie auch von qualifizierten Kadern und Arbeitsplatzangeboten. Die Ausreisewellen, insbesondere in den achtziger Jahren, verstärkten noch die bereits zuvor ungünstige Änderung der demographischen Struktur der einheimischen Bevölkerung. Das Ausmaß des Rückgangs überschreitet deutlich die Fertilität dieser Bevölkerungsgruppe. Der Prozeß der Familientrennung ist zurückgegangen (auf je 100 Emigranten kommen 125 gebliebene Familienangehörige). Die Analyse der gesellschaftlich-beruflichen Merkmale der Emigranten hat im Zeitraum von 1975-1990 gezeigt, daß die Zahl der Auswanderer, die im arbeitsfähigen Alter sind, wächst, die Zahl der Menschen im Rentenalter dagegen und besonders die der Frauen deutlich abnimmt. Bei den Berufstätigen nimmt die Zahl der Landwirte ab. Verläßliche Daten fehlen allerdings für den letzten Zeitraum, da viele Emigranten zwar im Ausland bleiben, den polnischen Paß aber behalten (es handelt sich um sogenannte "angehängte Emigration"; damit sind Personen gemeint, die länger als zwei Monate in Deutschland bleiben). Für die letzten zehn Jahre können darum nur Schätzwerte angegeben werden (vgl. Literaturanhang Nr. V).

Bisher wurde die Abwanderung von Arbeitskräften aus den hochindustrialisierten Bereichen als eine sehr negative Erscheinung auf dem lokalen Arbeitsmarkt gesehen. Inzwischen aber sind die ökonomischen Bedingungen der Ausreisenden gleich bzw. besser als bei der zurückgebliebenen Bevölkerung. Gleichzeitig sind auch die Arbeitslosenprobleme teilweise gelöst. Eine genauere Analyse der *"angehängten Emigration"* zeugt vom hohen Ausbildungsniveau dieser Gruppe, vom niedrigen Alter und von einer hohen Berufsaktivität. Unter den Personen, die zeitweise in Deutschland bleiben, befinden sich mehr als 60% im Alter zwischen 18 und 49 Jahren, 55% haben eine höhere Schulausbildung. Von den 53 000 Personen, die sich im Ausland aufhalten, stammen 93% aus der nicht landwirtschaftlichen Bevölkerung, 60% davon sind arbeitsfähig. Wie in vielen repräsentativen Untersuchungen der einheimischen Bevölkerung festgestellt wurde, weisen die Bevölkerungsgruppen, die in Gebieten leben, in denen sie eine Minderheit sind, eine deutlich höhere Emigrationstendenz aus. In Konsequenz entsteht eine signifikante Rückkoppelung zwischen der wachsenden Emigrationsneigung in dieser Gegend und der Abnahme der Multikultur.

Das Problem der *"angehängten Emigration"* trat in der zweiten Hälfte der achtziger Jahre in größerem Ausmaß zum Vorschein, als die Saisonarbeit in Deutschland beständige Formen angenommen und sich als einer von vielen Wegen für die Emigrationsentscheidung erwiesen hatte. Der Einfluß dieses zeitweise bedeutenden Einwohnerabflusses auf das Funktionieren des polnischen Arbeitsmarktes für die Binnen- und Außenwirtschaft ist unbestreitbar. In zahlreichen Gemeinden des östlichen Oppelner Schlesien sind 10 – 20% der Einwohner zeitweilig im Ausland. Wenn die gesellschaftlichen und kulturellen Folgen dieser zeitweiligen Emigration der Landbevölkerung auch strittig sind, dann sind die positiven Wirtschaftseffekte doch unzweifelhaft, was vor allem anhand beständiger Investitionsformen nachweisbar ist (unter anderem individuelles Bauwesen).

## X

Die schwachen Seiten der Oppelner Regionalwirtschaft, die ein Teil des allgemeinen *Staatswirtschaftsorganismus* ist, der in allen postkommunistischen Städten nach einem sehr ähnlichen Schema aufgebaut war, sind:

- eine Überzahl von material- und energiezehrenden Industriezweigen, insbesondere der Schwerindustrie, die Produktionsmittel für die Industrie erzeugt. Als Ergebnis ist in diesem Industriezweig ein erheblicher *Innenumlauf (*sogenannter *Industrieleerlauf)* zu beobachten;
- das Dominieren traditioneller Industriezweige im Verhältnis zu den modernen Formen (im Verhältnis pro Einwohner überschreitet die Produktion der traditionellen Industriezweige – Chemie, Energetik, Metallurgie, Mineralproduktion – die Produktionshöhe der hochentwickelten europäischen Länder; in den modernen Produktionszweigen erreicht sie dagegen weniger als ein Viertel der Vergleichswerte);
- eine ineffektive Verarbeitung der lokalen, insbesondere der landwirtschaftlichen Rohstoffe;
- ein riesiges Mißverhältnis in der Entwicklung von großen, mittleren und kleinen Unternehmen. Es kann geradezu von einer Unterentwicklung mittlerer und kleinerer Unternehmen gesprochen werden.

Nach vier Jahren freier Marktwirtschaft sieht man auch im Regionalmaßstab die Mängel bei der Neuordnung der Eigentumsverhältnisse. Die Umstellung von einer zentral gesteuerten auf die Marktwirtschaft hat schon in der ersten Umgestaltungsphase eine Desintegration hervorgerufen und ist mit einem Zusammenbruch der Einkommensbasis des Staates, dem Verlust des Vertrauens in die Währung und der weitgehenden Destruktion der Wirtschaftsgrundlagen verbunden gewesen.

Aufgrund der Zerfallsprozesse in der Metall-, Zement-, Kalk-, Chemie-, Fleischindustrie und noch einigen anderen Zweigen müssen die in der Region traditionell beheimateten Wirtschaftszweige als nicht entwickelbare (aussterbende) Bereiche im Hinblick auf das künftige Gefüge angesehen werden. Das Dominieren großer Objekte (Chemiewerke, Kokereien, Hütten, Zementwerke, Elektrizitätswerke usw.) über kleinere und mittlere Betriebe sowie ein Kostenübergewicht passiver Wirtschaftsteile (Gebäude, Infrastruktur) hat dazu geführt, daß große Anstrengungen für die Regionalentwicklung nicht die erwarteten Effekte gebracht haben. Es besteht ein Bedarf nach tiefgreifender und schneller regionaler Wirtschaftsrestrukturierung, die sich auf ausgewählte Branchen und Wirtschaftsgebiete bezieht.

Was die Zusammenarbeit mit dem Ausland betrifft, so zeigt sich diese in der Gestalt gemeinsamer Unternehmen (unter anderem mit Deutschland, Belgien, Frankreich, Großbritannien, Südkorea). Im Vergleich zum gesamten polnischen Staat gehört die Oppelner Region jedoch nicht zu den Bezirken, die eine größere Dynamik im Bereich internationaler Kontakte aufweisen. Diese Schwierigkeiten ergeben sich unter anderen aus der bereits dargelegten Dominanz von Großbetrieben und -unternehmen in der Regionalwirtschaft.

## XI

Die naturräumliche und gesamtwirtschaftliche Situation in der Oppelner Region begünstigt die Landwirtschaft und die Entwicklung der Agrar- und Lebensmittelindustrie. Im Hinblick auf die meisten Faktoren landwirtschaftlicher Produktion rangiert die Region nahe am westeuropäischen Niveau. Ein erheblicher Kapitalabfluß und der veraltete Zustand der Lebensmittelindustrie behindert jedoch die Umgestaltung dieses Wirtschaftszweiges zu einem Entwicklungsträger der Region. Eine Agrarwirtschaft und eine Lebensmittelindustrie, die die Erzeugnisse zeitgemäß verarbeitet, könnte jedoch eine engere Zusammenarbeit mit den Nachbarn und künftigen Abnehmern ermöglichen.

Bis in die jüngste Vergangenheit war der Oppelner Arbeitsmarkt durch ein Arbeitskräftedefizit gekennzeichnet. Ganz besonders wurde das im Ballungsgebiet sichtbar, in dem ein großer Teil der einheimischen Bevölkerung lebt. Inzwischen hat sich das Problem durch den Anstieg der Emigrantenzahlen im arbeitsfähigen Alter und durch die *angehängte Emigration* von selbst gelöst Die Faktoren, die das Problem verursacht haben (übermäßiger Arbeitsaufwand, Leerlaufproduktion usw.), sind beseitigt. Im Vergleich mit ganz Polen zeigt sich keine überdurchschnittliche Arbeitslosenziffer mehr; in absoluten Zahlen umfaßt diese etwa 61 000 Personen (Arbeitslosenindex 13%). Unter ihnen befinden sich 33 200 Frauen. Allerdings wächst die Arbeitslosenzahl monatlich um 1500 (darunter 1400 Frauen).[4]

## XII

Positive Ansatzpunkte für eine Umgestaltung der Region sind ein großes Reservoir an Arbeitskräften, hochqualifizierten Kadern, große Reserven erschlossenen Geländes mit vielfältigen Investitionsmöglichkeiten sowie eine nicht ausgeschöpfte Lebensmittel- und mineralurgische Industrieproduktion. Zusätzlich von Wert sind die im Landesvergleich vorteilhaften infrastrukturellen Bedingungen, die sich durch große Entwicklungsmög-

4 Die Werte beziehen sich auf Ende des Jahres 1992.

lichkeiten auszeichnen, weiterhin die günstige Lage des Zentrums (Oppeln – mit ca. 250 000 Einwohner im Bereich der Agglomeration). Außerdem weist die Region eine Verknüpfung des Siedlungsnetzes mit einer beinahe klassischen Hierarchie der Zentren bis zur Lokalstufe, auf (vgl. Literaturanhang Nr. I).

Trotz der oben aufgeführten ungünstigen sozioökonomischen Elemente, die das Oppelner Schlesien mit den übrigen Regionen Polens gemeinsam hat, gibt es viele Kennzeichen, die es in eine Reihe mit westeuropäischen Regionen stellen. Dazu gehören:

- eine gegen allen Anschein stabilisierte, gesellschaftspolitische Situation der Region mit einer zahlreichen und gut organisierten deutschen Minderheit (26,8% der Gesamtbevölkerung);
- eine traditionell gut entwickelte Selbstverwaltung und Kooperation der Kommunen;
- die Brückenfunktion für regionale und subregionale Entwicklungszentren;
- eine intakte Lebensmittelindustrie;
- ein Agrar- und Transportpotential, das sich auf lokale Materialreserven und Investitionen stützen kann;
- eine ethnische Differenziertheit und die traditionellen Kontakte der Einwohner mit dem Ausland;
- eine vorteilhafte räumlich-funktionale Struktur und ein ausgebildetes Zentrum mit großen Entwicklungsmöglichkeiten.

In diesem Aufsatz konnten natürlich nicht alle Aspekte aufgezeigt werden; dagegen wurden die zentralen Merkmale des Oppelner Schlesien aufgezeigt, die es einer internationalen, vor allem aber einer zwischenregionalen Zusammenarbeit öffnen; gleichzeitig sollten die spezifischen Probleme der deutschen Öffentlichkeit erläutert werden.

Für eine umfassende Untersuchung der ökonomischen Situation ist der gewählte Rahmen zu eng bemessen, die Suche nach möglichen Lösungen für die wirtschaftliche Integration Polens und Gesamteuropas muß noch intensiv fortgeführt werden. Ich versuchte nur, einige Probleme aufzuzeigen, und ich bin überzeugt, daß wir in diesen Fragen – ich möchte es noch einmal unterstreichen – einer offenen Diskussion, die schwerwiegende Probleme nicht scheut, bedürfen, die alle Seiten gleichberechtigt beteiligt. Es darf aber nicht nur eine Diskussion der Politiker und der Vertreter der Regierungen sein; alle betroffenen gesellschaftlichen Gruppen müssen einbezogen werden.

Literatur


I K. Heffner, Das Verhältnis der Region zum Großraum am Beispiel von Opole-Schlesien und Oberschlesien, in: Die Region als zukunftige europäische Struktur. Symposium vom 13.-15 Mai 1992 in Opole/Polen, Evangelische Akademie Mülheim/Ruhr, "Begegnungen" 4/92, Mülheim/Ruhr 1992 S. 93-101.

II K. Heffner, Drobek W., Ethnic Specificity of Upper Silesia in the Polish and European Context, "Geographica Slovenica", 24 Ljubljana 1993, S. 161-166.

III K. Heffner, Die Deutsche Minderheit im Oppelner Schlesien, "Przegląd Polityczny" No 24 Jhr 12 (= Polen und Deutsche im neuen Europa, Hrsg. v.d. Stiftung der Liberalen, Gdańsk 1994, S. 79-80).

IV K. Heffner, Hinführung zum Thema Oberschlesien als Brücke zwischen Polen und Deutschen. Radikalisierung und Polarisierung als Hindernis auf dem Weg zur Verständigung, in: Die Minderheiten in Oberschlesien. Brücke oder Hindernis in den deutsch-polnischen Beziehungen? Tagung in Zusammenarbeit mit dem Instytut Śląski. 2.-4. Dezember 1993. Tagungsleitung: D. Bach, K. Heffner, Evangelische Akademie Mülheim/Ruhr, "Begegnungen" 2/94, Mülheim/Ruhr 1994, S. 5-7.

V K. Heffner, Die regionale Entwicklung des Oppelner Schlesien, in: Anerkannt als Minderheit. Vergangenheit und Zukunft der Deutschen in Polen, hrsg. v. Hans van der Meulen, Nomos Verlagsgesellschaft, Baden-Baden 1994, S. 179-200.

(1) Polityka Regionalna – kierunki i instrumentalizacja pod red. B. Winiarskiego, Wyd. Akademii Ekonomicznej im. Oskara Langego we Wrocławiu, Wrocław 1994 (Regionalpolitik – Richtungen und Instrumentalisation, Redaktion B. Winiarski, Verlag der Ökonomischen Akademie "Oskar Lange" in Breslau/ Wroc ław, Breslau 1994)

(2) Polonia, quo vadis? Pod red. A. Kuklińskiego, Europejski Instytut Rozwoju Regionalnego i Lokalnego, Universytet Warszawski, Warszawa 1993 (Polonia, quo vadis? Redaktion A. Kukliński, Europäisches Institut für Regional- und Lokalentwicklung, Universität Warschau, Warschau 1993)

(3) Problemy integracji rolnictwa polskiego z Unią Europejską, pod red. A. Kwieciński, H. Rumowski, J. Wilkin, Fundacja Rozwój Szkoły Głównej Gospodarstwa Wiejskiego, Warszawa 1994 (Integrationsfragen der polnischen Landwirtschaft mit der Europäischen Union, Redaktion A. Kwiecziński, H. Rumowski, J. Wilkin, Stiftung zur Entwicklung der Landwirtschaftshauptschule, Warschau 1994)

(4) Jakóbik, W., Restrukturyzacja przemysłu w okresie transformacji, Friedrich-Ebert-Stiftung, Warszawa 1993 (Polityka ekonomiczna i społeczna, z. 31) (Industrielle Restrukturierung in der Transformationperiode, Friedrich-Ebert-Stiftung, Warschau 1993, (Wirtschafts- und Gesellschaftspolitik, H. 31))

(5) Danielewski, J./ Kloc, M., Między Wschodem i Zachodem: Gospodarcze, miejsce Polski dziś i jutro, Friedrich-Ebert-Stiftung, Warszawa 1991 (Polityka ekonomiczna i społeczna, z. 8) (Zwischen Ost und West: Polens wirtschaftliche Lage in Europa heute und morgen, Friedrich-Ebert-Stiftung, Warschau 1991 (Wirtschafts- und Gesellschaftspolitik, H. 8))

(6) Szlachta, J., Rozwój regionalny Polski w warunkach Transformacji gospodarczej, Friedrich-Ebert-Stiftung, Warszawa 1993 (Polityka ekonomiczna i społeczna, z. 35) (Polens Regionalentwicklung unter den Bedingungen der Wirtschaftstransformation (Friedrich-Ebert-Stiftung, Warschau 1991 (Wirtschafts- und Gesellschaftspolitik, H. 35))

(7) Zon, H. van, Alternative Szenarios for Central Europe (Poland, Czechoslovakia, Hungary), Commission of the European Communities, Brussels – Luxembourg 1992

Dieter Bingen

# Zur Bedeutung ethnischer und nationaler Minderheiten (Volksgruppen) in Ostmitteleuropa – Abgründe oder Brücken?

Der Völkerfrühling 1989 kam nicht nur als Frühling für die Staatsvölker. Neue Hoffnungen sprießten, daß über Demokratie und Rechtsstaatlichkeit ein neues Europa geschaffen werde, in dem die lange unterdrückten Minderheitenfragen einer für die Staatsvölker und Minderheiten befriedigenden Lösung zugeführt werden könnten. Man muß nicht im einzelnen die Brennpunkte im wörtlichen Sinne aufzählen, die inzwischen dramatisch unter Beweis stellen, daß Ethnonationalismus der Großen und der Kleinen in einem geographischen Raum, der in der Vergangenheit kaum die Voraussetzungen für homogene Nationalstaaten geschaffen hatte, viele Hoffnungen zu Grabe trägt und Resignation sowie Entsetzen Platz macht.

Der politische Begriff "Minderheiten als Brücke" konnte in weiten Gebieten Ostmittel- und Südosteuropas nicht verstanden werden, geschweige denn fruchten. Er setzt offensichtlich ein kulturelles und gesellschaftliches Selbstbewußtsein bei den Staatsvölkern wie bei den in Frage kommenden Minderheiten voraus, das – wenn überhaupt – nur in seit Jahrzehnten gewachsenen demokratischen politischen Kulturen entstehen konnte. Der Slogan kam für die Gebiete, in denen er Anwendung finden sollte, auch nicht so sehr von den nationalen und ethnischen Minderheiten selbst, sondern von den Staatsvölkern, den Mehrheiten, die zugunsten einer neuen Politik guter Nachbarschaft den in Frage kommenden Minderheiten eine kulturelle und politische Rolle zuweisen wollten. In diesem Zusammenhang ist auf die Minderheitenartikel in den neuen Nachbarschafts- und Freundschaftsverträge im ostmitteleuropäischen Raum hinzuweisen, namentlich auf den deutsch-polnischen "Vertrag über gute Nachbarschaft und freundschaftliche Zusammenarbeit" vom 17. Juni 1991.

Positive Minderheitenpolitik und Bedeutungszuschreibung durch die staatlichen Institutionen wurde zur Meßlatte für "Europareife" und notwendige, aber nicht ausreichende, Voraussetzung für Mitgliedschaft in den europäischen Einrichtungen. Politisch-psychologischer Druck von außen sollte auf Mehrheits- und Minderheitenvertreter einwirken, neue Wege der positiven Diskriminierung ethnischer und nationaler Minderheiten einzuschlagen. Eine solche an sich vernünftige Politik der Definition von Minderheiten als Brücken, wobei allerdings die Gefahr der Überforderung gesehen werden muß, wie dies am deutsch-polnischen Beispiel der Oppelner und Kattowitzer Schlesier studiert werden kann, ist allerdings derzeit nur im ostmitteleuropäischen Raum in Ansätzen realisierbar, in Ost- und Südosteuropa aber noch kaum darstellbar.

Im Diskussionszusammenhang sollte gleich redlich klargestellt werden, daß demokratischer Wandel und Westorientierung von Eliten und Regierungen in Ostmittel- und

Südosteuropa nicht automatisch Minderheitenfreundlichkeit nach sich ziehen muß. Schließlich gibt es in den demokratischen Staatsformen im Rahmen der Europäischen Union mehrere Beispiele für Regime mit restriktiver (Frankreich, Italien u.a.) oder repressiver Minderheitenpolitik (Griechenland).

Aber trotz aller Einschränkungen mit Blick auf westeuropäische Erfahrungen: Gerade die historisch-politische Entwicklung der Gesellschaften und Staaten Westeuropas stellt unter Beweis, daß nur eine liberale und offene Gesellschaft (civil society) dazu in der Lage ist, in langwierigen und konfliktreichen Prozessen eine befriedigende Regelung der Rechte von ethnischen und anderen Minderheiten zu gewährleisten.

## I. Begriffsabgrenzungen

Die Begriffe "Minderheiten" und "Volksgruppen" treten hier nebeneinander auf. Zum Sprachgebrauch und zur Semantik in deren sachlichem Umfeld könnten unendliche Diskussionen geführt werden, die weder die rechtliche Problematik noch die historisch-kulturellen und politischen Gegebenheiten befriedigend klären. Da die Zentralbegriffe aber laufend gebraucht werden und die Verwendung der Begriffe Minderheit bzw. Volksgruppe zu weltanschaulichen Grundsatzdebatten ausarten kann, über die die Beschäftigung mit realen Problemen und Lösungsmöglichkeiten in den Hintergrund rückt, sollen wenigstens das semantische Umfeld und die Terminologie offengelegt werden.

Der Begriff der "Minderheit" findet sich sowohl in der soziologischen als auch in der juristischen Terminologie. Nicht nur innerstaatliche, sondern auch völkerrechtliche Regelungen definieren ihren Schutz, wobei gleich eingeschränkt werden muß, daß keine Legaldefinition existiert und trotz verschiedener Definitionsversuche es bisher nicht gelungen ist, sich auf einen allgemein anerkannten völkerrechtlichen Minderheitenbegriff zu einigen: "Umstritten sind vor allem die notwendige Gruppengröße und das Erfordernis eines subjektiven Zusammengehörigkeitsgefühls. In der völkerrechtlichen Zentralnorm des Minderheitenschutzes, in Art. 27 IPBPR, ist von 'ethnischen, religiösen und sprachlichen Minderheiten' die Rede, woraus zu schließen ist, daß diese objektiven Kriterien der Gruppenidentität gegeben sein müssen".[1] Einschränkend gibt Georg Brunner in diesem Zusammenhang zu bedenken, daß eine Gruppenidentität ohne ein Identitätsbewußtsein nicht vorstellbar ist. Demnach wäre das subjektive Zusammengehörigkeitsgefühl ein *unerläßliches* Merkmal des Minderheitenbegriffs, "auf das man sogar im Zeichen der individuellen und kollektiven Selbstbestimmung in erster Linie abstellen sollte".[2]

Neben dem Begriff der Minderheit taucht im deutschsprachigen Schrifttum der Begriff "Volksgruppe" auf, dem bisher – so Brunner – "eigene und eindeutige Konturen" fehlen: "Schon wegen der unüberbrückbaren Übersetzungsschwierigkeiten und der Einbet-

---

1 Georg Brunner, Nationalitätenprobleme und Minderheitenkonflikte in Osteuropa, Gütersloh 1993, S. 16.
2 Ebenda.

tung der mit diesem Konzept verbundenen rechtspolitischen Anliegen in den Komplex des Minderheitenschutzes wird 'Volksgruppe' meistens als Synonym für nationale und ethnische Minderheiten gebraucht."[3] Zwischen den beiden Minderheitenarten besteht aber ein sachlicher Unterschied in dem Sinne, daß die ethnische Minderheit im engeren Sinne – ohne den Staatsbezug zu benötigen – unterhalb des sozialen und politischen Niveaus der nationalen Minderheit agiert.

Der Begriff der "Volksgruppe" macht nicht zuletzt unter dem Gesichtspunkt von kulturellem und soziologischem Erkenntnisgewinn in der Abgrenzung zur Mehrheit weniger Sinn. Seinen Stellenwert erhält er in der politisch-juristischen Diskussion unter dem Gesichtspunkt des Bestrebens, den Schwerpunkt des Minderheitenschutzes von den Individualrechten auf die Gruppenrechte zu verlagern. Aus einem Grunde erscheint dagegen der Begriff der "Minderheiten" heuristisch besonders hilfreich. Er verweist, da er ohne den Bezugspunkt der "Mehrheit" nicht auskommt, auf ein allgemeineres kulturelles Selbstbewußtsein einer staatlich verfaßten Gesellschaft hin, in der es "Mehrheiten" und "Minderheiten" unterschiedlicher Art (religiös, kulturell, sozial) gibt. Das Verhältnis zwischen "Mehrheit" und "Minderheit" ist Teil der politischen und zivilen Kultur eines gegebenen Staates, in dem die nationale Minderheit nur eine von vielen Minderheiten darstellt. Der Begriff der "Volksgruppe" verengt dagegen direkt auf ein politisches und rechtliches Ziel hin, das nur einen – allerdings im Hinblick auf Lösungsmöglichkeiten wichtigen – Teil des Minderheitenkomplexes ausmacht.

Die politisch-kulturelle Bedeutungszuschreibung der nationalen Minderheiten durch Mehrheiten ermöglicht – wie oben bereits angedeutet – eine Ausdifferenzierung des geographischen Raumes, der bis 1989 allgemein mit "Osteuropa" bezeichnet wurde. Unter den Aspekten der gesellschaftlichen Akzeptanz von Minderheiten im allgemeinen und nationalen/ethnischen Minderheiten im besonderen sowie unter den Aspekten der Qualität des Selbstbewußseins und der politisch-kulturellen Organisation der nationalen und ethnischen Minderheiten im gegebenen Staat scheinen die Staaten Ostmitteleuropas im Vergleich zu den Entwicklungen in Südosteuropa (Rumänien, Moldova, Bulgarien/Türkei/Mazedonien, Albanien/Griechenland/Mazedonien, Kroatien, Serbien) und in Osteuropa (Rußland, Transkaukasische Republiken) eine relative Stabilitätszone darzustellen. Vielleicht stellt die Ukraine in Osteuropa einen Sonderfall dar. Damit bestätigte sich die These, daß die Rollenzuschreibung, die Selbstdefinition und der reale wie juristische Status von Minderheiten – und dies gilt nicht nur für nationale oder ethnische Minderheiten – direkt mit der Gesamtverfassung der politischen Kultur und der Demokratieentwicklung in den neuen Demokratien in Europa korreliert.

Wenn in diesem Sinne die Entwicklung und die Bedeutungszuschreibung von nationalen und ethnischen Minderheiten unter den ostmitteleuropäischen Staaten Polen, Ungarn, Tschechien und womöglich Slowakei vergleichbarer ist als beispielsweise zwischen Ungarn und Rumänien, man also die These aufstellen kann: Seit Beginn von Liberalisierung bzw. Demokratisierung entwickelt sich in Ostmitteleuropa eine demokratische politische Kultur, die den nationalen und ethnischen Minderheiten förderlich

3 Ebenda, S. 17.

ist, so ist andererseits die Situation aus vielfältigen Gründen in Polen, in Ungarn, in der Tschechischen und in der Slowakischen Republik immer noch sehr unterschiedlich.

## II. Minderheiten in Ostmitteleuropa

Die Bestandsaufnahme der Minderheitenprobleme geht hier von den vier ostmitteleuropäischen Staaten aus. Dabei wird das Hauptaugenmerk auf unseren großen östlichen Nachbarn Polen gerichtet. Polen stellt unter politisch-strategischen Gesichtspunkten das wichtigste Land in der Region dar. Seine innere Entwicklung, sein Verhältnis zu den direkten Nachbarn und seine Beziehung zu den europäisch-nordatlantischen Integrationsstrukturen werden über Stabilisierung oder Destabilisierung im gesamten ostmitteleuropäischen Raum entscheiden und direkt auf Deutschland auswirken.

Von den vier ostmitteleuropäischen Staaten sind drei als homogene Nationalstaaten zu bezeichnen, in denen der Anteil der nationalen und ethnischen Minderheiten unter zehn Prozent liegt. Ohne Rücksicht auf die teilweise unterschiedlich angegebenen Größen der Minderheiten dürfte der Charakter des Nationalstaats für Polen, Ungarn und Tschechien unbestritten sein, während die Slowakei statistisch als Nationalitätenstaat zu gelten hat.

### *II. 1 Tschechien*

| | |
|---|---|
| Tschechen | 94,9 % |
| Tschechen | 81,3 % |
| Mährer | 13,2 % |
| Schlesier | 0,4 % |
| Slowaken | 3,0 % |
| Andere | 2,1 % |

Im tschechischen Landesteil der damaligen ČSFR hatten sich anläßlich der letzten Volkszählung 1991 zwar 13,2 Prozent als Mährer und 0,4 Prozent als Schlesier bezeichnet, doch handelte es sich bei diesem "Nationalitätenbekenntnis" offenkundig um den Ausdruck eines besonderen Regionalbewußtseins. Was die deutsche Minderheit in der Tschechischen Republik betrifft, werden aktuell unterschiedliche Zahlen genannt, wobei die höchsten Zahlen mit ca. 150 000 angegeben werden. Anläßlich der Volkszählung von 1991 bekannten sich 53 000 Personen zur deutschen Nationalität.[4] Die Lage der Deutschen in Tschechien ist womöglich problematischer zu beurteilen als die Lage der Deutschen in Polen, da im deutsch-tschechischen Verhältnis die für beide Seiten schmerzliche *gemeinsame* intellektuelle und emotionale Auseinandersetzung mit der Vergangenheit erst sehr viel später beginnen konnte als im deutsch-polnischen Verhältnis. Von Brückenbildung mit Blick auf die deutsche Minderheit in Tschechien ist man noch weit entfernt.

---

4 Ebenda, S. 52.

Bei den Minderheitenschutzbestimmungen werden in Tschechien generell allerdings keine formal-juristischen Schwierigkeiten befürchtet. Formal war die Existenz nationaler Minderheiten mit der Verfassungsgebung von 1960 teilweise und mit dem Nationalitätengesetz 1968 vollständig anerkannt worden. Nunmehr stellt die tschechoslowakische Grundrechts-Charta vom 9. Januar 1991 einen angemessenen Minderheitenschutz in Aussicht (Art. 24, 25).[5]

### *II. 2 Ungarn*

| | | |
|---|---|---|
| Ungarn | 97,8 % | 10 142 000 |
| Zigeuner | 1,4 % | 143 000 |
| Andere | 0,8 % | 90 000 |

Die Nationalitätenverbände schätzen die Größe ihrer Volksgruppen bedeutend höher ein als dies in der Volkszählung 1990 zum Ausdruck kam, in der nach dem Nationalitätenbekenntnis gefragt wurde. Ihre Schätzungen bewegen sich für die Deutschen um 220 000, für die Slowaken um 110 000, für die Südslawen (überwiegend Kroaten) um 90 000 und für die Rumänen um 25 000.[6]

In Ungarn, dessen Minderheitenpolitik schon seit geraumer Zeit als vorbildlich bezeichnet werden kann, sind die "nationalen und ethnischen Minderheiten" anläßlich der demokratisch-rechtsstaatlichen Verfassungsrevision vom Oktober 1989 ausdrücklich als "Teilhaber der Macht des Volkes" und als "staatsbildende Faktoren" anerkannt worden (Art. 68.1).

Am Beispiel der deutschen Minderheit in Ungarn läßt sich jedoch ein statistisches Problem und ein Phänomen der Assimilation darstellen, das uns im Falle der deutschen Minderheit in Polen noch eindrücklicher und politisch komplizierter begegnet.

Die Größe der deutschen Volksgruppe in Ungarn wird vom Verband der Ungarndeutschen übereinstimmend mit den traditionell westlichen und nunmehr auch den regierungsamtlichen Schätzungen mit 200 000 bis 220 000 angegeben. Auf diese Zahl kommt man, wenn man von den Ergebnissen der Volkszählung von 1941 ausgeht, bei der in Rumpfungarn 477 057 Personen deutscher Muttersprache und 303 419 Personen deutscher Nationalität gezählt wurden, sie um die geschätzten Kriegs-, Flucht- und Vertreibungsverluste verringert und den Rest in Anlehnung an das allgemeine Bevölkerungswachstum fortschreibt. Was somit ermittelt werden kann, ist die Anzahl der "Deutschstämmigen", sofern man die ursprüngliche Abstammungsgemeinschaft mit der deutschen Sprachgemeinschaft gleichsetzt. Die Assimilationsverluste bleiben unberücksichtigt. Deren Ausmaß kommt jedoch in den anläßlich der Volkszählungen erstellten Sprach- und Bekenntnisstatistiken zum Ausdruck, nach denen sich 1990 30 824 Personen zur deutschen "Nationalität" bekannten und 37 511 Personen Deutsch als "Muttersprache" angaben.[7] Wie groß ist nun die deutsche Minderheit in Ungarn?

---

5 Ebenda, S. 31.
6 Ebenda, S. 118.
7 Ebenda, S. 23.

*II. 3 Slowakei*

| | |
|---|---|
| Slowaken | 85,6 % |
| Ungarn | 10,8 % |
| Zigeuner | 1,5 % |
| Tschechen | 1,1 % |

Wenn auch die Spannungen zwischen Tschechen und Slowaken im Zweivölkerstaat Tschechoslowakei so alt sind wie der 1918 gegründete Staat, so nahmen die latenten und manifesten Reibungen jedoch erst nach dem demokratischen Systemwechsel Ende 1989 die Dimensionen eines offenen Konflikts an. (Die Jahre 1938-45 stellen eine Ausnahmesituation im Sinne einer direkten deutschen Intervention dar). Zuzuschreiben war dies dem wiedererwachten slowakischen Nationalismus, dessen politische Repräsentanten mit Hilfe ihrer verfassungsrechtlich verankerten Sperrminorität sowohl eine Einigung über eine gewiß dringend erforderliche bundesstaatliche Reform als auch das von Staatspräsident Václav Havel geforderte Referendum über die Sezession verhinderten. Die Führer der beiden Parteien, die aus den Wahlen vom Juni 1992 als die relativen Sieger in den beiden Teilrepubliken hervorgegangen waren (Klaus an der Spitze der Demokratischen Bürgerpartei und Mečiar an der Spitze der Bewegung für eine Demokratische Slowakei) einigten sich schließlich auf eine friedliche Trennung zum 1. Januar 1993, die dann durch eine entsprechende Verfassungsgesetzgebung besiegelt wurde.

Der Slowakische Nationalrat hatte am 17. Juli 1992 die Souveränität der Slowakei proklamiert. Dieses Verfahren war unter dem Gesichtspunkt eines demokratischen Selbstbestimmungsrechts der Völker fragwürdig. Denn die "Staatsfrage" ist von den Parteien im Wahlkampf nicht mit einer für die Erteilung eines politischen Mandats erforderlichen Deutlichkeit thematisiert worden, zumal man nach den Meinungsumfragen davon ausgehen mußte, daß die Tschechen – mit zunehmender Lustlosigkeit – am gemeinsamen Staat festhalten wollten und die Slowaken – trotz einer erstarkenden separatistischen Strömung – mehrheitlich nicht die Sezession wünschten. Somit ist dem slowakischen Volk die freie Ausübung des Selbstbestimmungsrechts nicht ermöglicht worden.[8]

Es bleibt abzuwarten, ob die Slowakei bei ihrer Minderheitengesetzgebung den vergleichsweise liberalen Vorgaben der demokratischen Tschechoslowakei folgen wird. Ihrem schon im Oktober 1990 erlassenen Sprachengesetz liegen restriktive Tendenzen zugrunde, und der seither erstarkte slowakische Nationalismus läßt für die ungarische Minderheit wenig Gutes erwarten, zumal mit der Auflösung der Tschechoslowakei der mäßigende Einfluß der Prager Bundesregierung entfällt. Aus diesem Grunde ist die ungarische Minderheit bei der Wahrnehmung ihrer Interessen zunehmend auf eine Unterstützung aus Budapest angewiesen, was wiederum zu Spannungen zwischen Ungarn und der Slowakei führt.

Bei den Parlamentswahlen am 30. September/1. Oktober 1994 kam die ungarische Koalition hinter der Mečiar-Partei HZDS und dem linken Wahlbündnis auf beachtenswerte

8 Ebenda, S. 29 f.

10,18 Prozent der Wählerstimmen. Das Bündnis von drei Parteien trat zum ersten Mal geschlossen auf. Bei den Parlamentswahlen am 5./6. Juni 1992 standen noch vier ungarische Parteien im Wettbewerb, wobei ein Wahlbündnis von drei Parteien damals 7,8 Prozent der Stimmen in der Slowakei erhielt und die vierte mit 2,3 Prozent an der Sperrklausel scheiterte. Aus diesen Zahlen geht hervor, daß die ungarische Minderheit fast geschlossen ungarische Parteien gewählt hat.[9]

### *II. 4 Polen*

Die von Grund auf veränderte politische Haltung zur Minderheitenproblematik in Polen wird nicht zuletzt durch einen Beitrag des bisherigen Mitarbeiters des Büros für nationale Minderheiten im polnischen Kulturministerium, Piotr Madajczyk, in einer Darstellung über die Minderheiten in Polen deutlich. Wie selbstverständlich geht ihm heute der Einleitungssatz von den Lippen, der vor sechs Jahren noch unvorstellbar war: "In Polen gibt es außer der deutschen Minderheit ... noch zahlreiche andere nationale Minderheiten."[10]

Mit deren Bedeutung werde ich mich kurz befassen, bevor ich auf die deutsche Minderheit in Polen zu sprechen komme.

Alle Minderheiten außer der deutschen waren offiziell bereits früher anerkannt und hatten eigene Gesellschaften.[11] Alle unterlagen jedoch strengster Staatsüberwachung. Die zweitgrößte Minderheit nach der deutschen ist die ukrainische, gefolgt von der weißrussischen. Zu den maßgeblich kleineren Minderheiten gehören die Tschechen und Slowaken, die Litauer, Juden, Roma, Griechen und ein Teil der Lemken. Kleine Gruppen bilden die Tataren und die Armenier.

#### *Die Ukrainer*

Die Zahl der Ukrainer wird zwischen 160 000 und 300 000 geschätzt. Ukrainischer Abstammung sind ungefähr 300 000 in Polen lebende Menschen. Die letzten Parlamentswahlergebnisse von September 1993 belegen, daß die Assimilation dieser Gruppe sehr weit fortgeschritten ist und die Zahl der bewußten Minderheitsmitglieder etwa bei 160 000 liegt. Das Problem des subjektiven Bewußtseins wurde schon bei der Definition der Minderheit und konkret bei den Deutschen in Ungarn beschrieben. Es wird für die Deutschen in Polen ebenso gelten. Die Ukrainer bewohnten früher im Südosten des heutigen Polen geschlossene Siedlungen, die aber in Folge der Aussiedlung - die Aktion "Weichsel" umfaßte über 150 000 Personen - nach dem Zweiten Weltkrieg im Jahre 1947 in heute 39 Wojewodschaften zerstreut wurden.

---

9 Siehe Eleonora Schneider, Die Ergebnisse der Parlamentswahlen in der Slowakei, Köln 1994 (Aktuelle Analysen des BIOst, Nr. 62/1994).

10 Piotr Madajczyk, Nationale Minderheiten in Polen: Kulturen und Verbände, in: Hans van der Meulen (Hrsg.), Anerkannt als Minderheit. Vergangenheit und Zukunft der Deutschen in Polen, Baden-Baden 1994, S. 211-217, hier S. 211.

11 Zu folgendem siehe Madajczyk, a.a.O.

Die größte ukrainische Organisation ist der Verein der Ukrainer in Polen mit ca. 10 000 Mitgliedern unter Vorsitz von Jerzy Rejt. Im Rahmen dieser Organisation arbeiten verschiedene andere ukrainische Organisationen – Verein der Ukrainischen Ärzte, Manager, Lehrer, Schriftsteller usw. Es gibt auch eine ukrainische Pfadfinder-Organisation "Plast".

Zur ukrainischen Nationalität bekennt sich auch ein Teil der Lemken, die in Südwestpolen ihr Zuhause hat. In dieser Gruppe kommt es noch immer zu harten Diskussionen in bezug auf die Zugehörigkeit zur ukrainischen Nation. Einige Lemken halten die Auffassung, die Lemken seien eine selbständige Nation, für eine Manipulation der polnischen Sonderdienste früherer Jahre. Jedenfalls hatten die polnischen Behörden ein großes Interesse daran, die ukrainische Bewegung zu zersplittern und zu schwächen.

Die Ukrainer sind kulturell sehr aktiv. Sie haben zwei Stiftungen für die Förderung der ukrainischen Kultur gegründet – die "Stiftung der ukrainischen Kultur" und die "Stiftung des Hl. Wladimirs des Täufers von Kiev-Ruthenien". Große finanzielle Schwierigkeiten, vor allem wegen der Zerstreuung der Minderheit, haben zur Folge, größere finanzielle Hilfe vom polnischen Staat zu erwarten.

Die Mehrheit der Ukrainer (80%) gehört der Ukrainischen katholischen Kirche (griechisch-katholisch) und der Polnischen Autokephalen Orthodoxen Kirche an. Die Kinder lernen Ukrainisch in 47 Grundschulen; drei Gymnasien haben Ukrainisch als Unterrichtssprache. Natürlich leiden alle diese Schulen unter großen materiellen Sorgen. Die unfreundliche Einstellung einiger Vertreter der polnischen Behörden gegenüber den Ukrainern kann diese Lage noch zusätzlich erschweren. Die Ukrainistik entwickelt sich stark an den Universitäten (Warschau, Krakau, Lublin und Stettin). Im 1989 gewählten Sejm hatten die Ukrainer einen Vertreter – Włodzimierz Mokry. Bei den Wahlen 1991 und 1993 hatte die zerstreute ukrainische Minderheit keine Erfolgschance, über eine Minderheitenliste in den Sejm gewählt zu werden..

Spannungen entstehen im kirchlichen Bereich. Die Gläubigen der griechisch-katholischen Kirche wollen als eine Glaubensgemeinschaft nicht Warschau, sondern direkt Rom oder dem Erzbischof von Lemberg unterstellt werden. Die vor kurzem getroffene Entscheidung über die neue Teilung der kirchlichen administrativen Einheiten sehen die Mitglieder der ukrainischen Minderheit als eine Gefahr für die Autonomie ihrer Kirche an.

Eine weitere große Belastung für das Verhältnis zwischen Polen und Ukrainern bildet das historische Erbe. Im Jahre 1992 fanden das erste Mal Feierlichkeiten im ehemaligen Arbeitslager Jaworzno statt. In den vierziger Jahren sind hier auch zahlreiche Ukrainer umgekommen. Außer ehemaligen Häftlingen waren offizielle Vertreter der ukrainischen und polnischen Seite anwesend. Das bedeutete jedoch nicht die Beseitigung der bestehenden Zwistigkeiten. Die Minderheit ist der Ansicht, daß die polnischen Behörden die Aussiedlung der Ukrainer nach dem Zweiten Weltkrieg nicht scharf genug verurteilen. Sie verlangt auch materielle Entschädigung für die Opfer und Sonderrechte für die ehemaligen Häftlinge von Jaworzno. Die polnische Seite betrachtet die Forderungen als zu weitgehend und erinnert an die Verbrechen gegen die polnische Bevölkerung von seiten der Ukrainischen Untergrundarmee. Diese Haltung wird mit ukrainischen Anklagen beantwortet, daß die polnische Seite absichtlich ukrainische Denkmäler schände oder zerstöre. Es sei hier nur daran erinnert, welche Emotionen vor kurzem die von katholischer Seite verhinderte Rückübertragung der ehemaligen uniierten Kathedrale an die ukrainisch-katholische Kirche in Przemyśl verursachte. Dies zeigt deutlich, wie groß die Spannungen in diesem Bereich noch sind.

Es liegt aber im Interesse der polnischen wie der ukrainischen Regierung, die ukrainische Minderheit in Polen ebenso wie die polnische Minderheit in der Ukraine nicht zu Stolpersteinen bei der Entwicklung demonstrativ gutnachbarschaftlicher Beziehungen werden zu lassen. Im Gegenteil geben die guten polnisch-ukrainischen Beziehungen auf der politischen Ebene und das Konzept der guten Nachbarschaft heute die Möglichkeit, eine ruhige Diskussion über all diese Fragen zu führen. Zum Ausgangspunkt wird auch hier ein bilateraler Vertrag gewählt. Am 18. Mai 1992 wurde der "Vertrag zwischen der Republik Polen und der Ukraine über gute Nachbarschaft, freundschaftliche Beziehungen und Zusammenarbeit" unterzeichnet, dessen Artikel 11 die Rechte der ukrainischen Minderheit in Polen und der polnischen Minderheit in der Ukraine beschreibt.[12]

*Die Weißrussen*

In Polen wohnen 200 000 - 250 000 Weißrussen, die größtenteils der Polnischen Autokephalen Orthodoxen Kirche angehören und in Gebieten in der Nähe von Białystok in Ostpolen geschlossene Siedlungen bewohnen. In Białystok machen sie nur 20 Prozent aus, in zwei anderen größeren Städten, Hajnówka und Bielsk Podlaski, bilden sie fast 50 Prozent der Bevölkerung. In ländlichen Gemeinden stellen sie eine Mehrheit von 80 bis 90 Prozent. Die alte Sozial-Kulturelle Gesellschaft der Weißrussen besteht seit 1956, dazu entstanden Ende der achtziger Jahre verschiedene, neue Gesellschaften, z.B. der Studenten und der Schriftsteller.

Es gibt auch eine weißrussische Partei, die "Weißrussische Demokratische Vereinigung" mit dem bekannten weißrussischen Schriftsteller Sokrat Janowicz an der Spitze. Diese Partei bekam große Unterstützung der einheimischen Bevölkerung bei den ersten freien Selbstverwaltungswahlen im Mai 1990.

Die Weißrussische Demokratische Vereinigung bemüht sich, die Migration der Weißrussen aus dem Land aufzuhalten, besonders weil diese meistens eine schnelle Assimilierung in der polnischen Mehrheit in den überwiegend polnischen größeren Städten bedeutet. Diese Aufgabe ist nicht leicht und kaum zu erfüllen, wenn sich die wirtschaftliche Lage in den von Weißrussen besiedelten ländlichen Gebieten nicht zum Besseren verändert. Die Verbesserung der wirtschaftlichen Lage ist aber in diesen traditionell armen Gebieten, wo es fast keine Industrie gibt, eine kaum zu bewältigende Aufgabe.

Die weißrussischen Organisationen entwickeln traditionell rege kulturelle Aktivitäten. Neben den kulturellen Veranstaltungen (etwa 40 weißrussische Folkloregruppen) sind

12 Siehe Jochen A. Frowein, Rainer Hoffmann, Stefan Oeter (Hrsg.), Das Minderheitenrecht europäischer Staaten, Teil 1, Berlin u.a. 1993, S. 267 ff.

minderheitenpolitische Zeitschriften ("Niwa", "Czasopis") und das weißrussische Verlagswesen zu erwähnen. Ein großes kulturelles Zentrum sollte im Weißrussischen Museum in Hajnówka entstehen. Angesichts der schwierigen wirtschaftlichen Lage in Polen und Belarus stößt dieser Plan aber auf große Hindernisse.

In 48 Grundschulen wird weißrussisch als zusätzliche Sprache unterrichtet, in zwei Gymnasien als Unterrichtssprache. Bis jetzt sinkt die Zahl der Kinder in weißrussischen Schulen, was auch mit der fehlenden Tradition der weißrussischen Staatlichkeit zusammenhängt. Nach der Gründung eines unabhängigen Belarus (Weißrußland) könnte sich hier einiges ändern. Zu diesem Zweck gibt Belarus den Kindern aus den weißrussischen Minderheitenschulen die Möglichkeit, in Minsk zu studieren. Das kann der Minderheit auf längere Sicht Auftrieb geben. Außerdem sind ein Institut der Weißrussischen Kultur bei der Universität in Bia ystok und ein Zentrum der Weißrussischen Kultur in Białystok geplant. Das zweite Vorhaben gilt als politisch besonders wichtig, da bereits ein Kulturzentrum in Hajnówka erbaut werden soll und die Weißrussen das Gefühl haben, möglichst weit von Białystok abgeschoben zu werden.

Im "Vertrag zwischen der Republik Polen und der Republik Belarus über gute Nachbarschaft und freundschaftliche Zusammenarbeit" vom 23. Juni 1992 sind minderheitenspezifische Vereinbarungen in Art. 13-17 festgeschrieben, die inhaltlich weitgehend den Bestimmungen im polnisch-ukrainischen bzw. polnisch-deutschen Vertrag entsprechen.[13]

*Die Litauer*

Etwa 20 000 - 25 000 Litauer wohnen in drei Gemeinden in Nordostpolen (Puńsk, Sejny, Szypliszki), davon gehören sie nur in einer zur Mehrheit (Puńsk – 85 Prozent). Kleine Gruppen von Litauern wohnen in großen Städten in ganz Polen. Seit dem Jahre 1957 besteht die Litauische Sozial-Kulturelle Gesellschaft, die heute 2 000 Mitglieder hat und die Zeitung "Ausra" herausgibt. Die Litauer haben eine große Zahl von Folkloregruppen ("Jotva", "Klumpe", "Punia" usw.). Nach dem Jahr 1989 entstanden auch neue Organisationen: die "Litauische Gesellschaft des Hl. Kasimir" und die "Gemeinschaft der Litauer in Polen".

Der polnische Rundfunk sendet einmal pro Woche 30 Minuten Programm in litauischer Sprache. Litauisch ist Unterrichtssprache in sechs Schulen, in einem Gymnasium (Puńsk) und in einer Berufsschule. Lange Zeit war die Einführung der litauischen Sprache in der Kirche ein großes Problem. Neuerdings werden in Puńsk wöchentlich vier Gottesdienste und in Sejny ein Gottesdienst in litauischer Sprache abgehalten.

In der Vergangenheit bildete die Tendenz zur Selbstisolierung der litauischen Minderheit ein Problem. Dazu trug sicher die für die Nachbarn unverständliche Sprache bei, die der ugro-baltischen Sprachenfamilie angehört und keine direkten Verbindungen mit den slawischen Sprachen hat. Kontaktschwierigkeiten mit den lokalen Behörden gibt es weiterhin.

---

13 Ebenda, S. 270 ff.

Vor allem wegen der unterschiedlichen Bewertung der polnisch-litauischen Beziehungen zwischen 1920 und 1939 verzögerte sich die Unterzeichnung des "Vertrages zwischen der Republik Polen und der Republik Litauen über freundschaftliche Beziehungen und gutnachbarschaftliche Beziehungen" bis zum 26. April 1994. Ebenso wie in den anderen polnischen Nachbarschaftsverträgen werden hier in den Art. 13-16 die Rechte der nationalen Minderheiten der Polen bzw. Litauer festgeschrieben.[14]

*Die Tschechen und Slowaken*

Die Mehrheit der Slowaken wohntin Südpolen, einige in Krakau, Kattowitz und Warschau, die Tschechen in der Nähe von Waldenburg, Lublin und Petrikau (Piotrkowskie). Es sind ungefähr 20 000 - 25 000 Personen. Die Slowaken gehören der römisch-katholischen Kirche, die Tschechen der evangelisch-reformierten Kirche an.

*Die Deutschen*

Bei der deutschen Minderheit in Polen handelt es sich um deutsche Staatsbürger bzw. deren Nachkommen, die durch die faktische Westverschiebung Polens im Jahr 1945 zu einer Minderheit in Polen wurden. Diese Deutschen waren vor 1945 deutsche Staatsbürger in deutschem Staatsgebiet. In Abwandlung des in Litauen unwillig aufgenommenen Ausspruchs des polnischen Botschafters Widacki aus dem Jahr 1992 könnte man sagen: Nicht sie haben Deutschland verlassen, sondern Deutschland hat sie verlassen.

Mit Blick auf die Siedlungsgebiete, auf den historischen und kulturellen Hintergrund handelt es sich bei dem heute zahlenmäßig ins Gewicht fallenden Teil der deutschen Minderheit in Polen, die Oberschlesier, um eine ganz andere Bevölkerung als die Volksdeutschen, die im Polen der Zwischenkriegszeit einen Dauerkonflikt in den deutsch-polnischen Beziehungen darstellten.[15]

Nach der nationalsozialistischen Terrorpolitik in Polen und Osteuropa kam es in den östlichen Territorien des historischen deutschen Siedlungs- und Staatsgebietes zu der dramatischsten Bevölkerungsverschiebung in der modernen Geschichte auf der Grundlage von politisch interpretationsfähigen Vereinbarungen. Bereits vor der Unterzeichnung des Potsdamer Protokolls waren ca. 400 000 Deutsche aus ihren Siedlungsgebieten in den Grenzen Deutschlands von 1937 "wild vertrieben" worden. Mit den Menschen, die auf Befehl der deutschen Behörden, der Wehrmacht oder aus eigenem Beschluß vor der Roten Armee geflohen waren, belief sich am Ende die Zahl der Flüchtlinge und Vertriebenen aus Pommern, Ostpreußen, Ostbrandenburg und Schlesien auf knapp sieben Millionen Personen. Hinzu kamen 1,3 Millionen Volksdeutsche aus Polen in den Grenzen von 1939. Bei der Flucht und Vertreibung aus den deutschen Ostprovinzen kamen Berechnungen der Bundesregierung zufolge rund 1,2 Millionen Men-

---

14 Auszüge aus dem Vertragstext in: Osteuropa, 11, 1994, S. A 636 f.

15 Vgl. Mathias Niendorf, Die deutsche Minderheit in Polen zwischen 1918-1945, in: Hans van der Meulen (Hrsg.), Anerkannt als Minderheit (wie Anm. 10), S. 39 - 52.

schen zu Tode, fast die gleiche Anzahl wurde Opfer der unmittelbaren Kampfhandlungen.

Etwa 1,1 Millionen deutsche Staatsbürger blieben nach 1950 in den nunmehrigen polnischen Westgebieten. Nach Auffassung der polnischen Behörden handelte es sich dabei allerdings mehrheitlich um Angehörige der polnischen Minderheit im Deutschen Reich, deren Polentum durch "Verifizierung" festgestellt werden sollte. Den "ethnischen Deutschen" verweigerten die polnischen Behörden seit Ende der fünfziger Jahre die Gewährung von Minderheitenrechten. Sie waren an der möglichst vollständigen Aussiedlung der "ethnischen Deutschen" und der vollständigen Assimilierung der "Autochthonen" interessiert.[16]

Damit waren der Bundesrepublik seit der Aufnahme offizieller Beziehungen mit Polen (1970/72) enge Grenzen bei ihrem Einsatz für die in Polen lebenden Deutschen gesetzt. Die Durchsetzung von Minderheitenrechten erschien als illusorisch. Schließlich setzte der friedensvertragliche Grenzvorbehalt und die innenpolitische Situation deutscher Politik in Polen enge Grenzen. Allein Erleichterung der Ausreise von "Deutschstämmigen" und Familienzusammenführung mittels Ausreise galten in den siebziger Jahren als realistische Politik in Verhandlungen mit Polen, obwohl auch die Gewährung kultureller Entfaltungsmöglichkeiten zu den Petita gegenüber den seinerzeitigen polnischen Gesprächspartnern gehört hatte.

*Exkurs: Deutsche Verdrängungsleistungen nach 1945*

Das Problem der deutschen Minderheit in Polen, vor allem in Oberschlesien, bliebe aber unvollständig betrachtet, wenn es nur als Frage der Anerkennung oder Verweigerung von Minderheitenrechten durch den polnischen Staat in der kommunistischen Vergangenheit rekapituliert und nicht auch als ein Komplex kollektiver Verdrängung durch die Deutschen in den beiden deutschen Staaten nach 1949 gesehen würde.

Denn: Wie haben "die" Deutschen in der Bundesrepublik Deutschland das Problem der Grenzverschiebung und ganz konkret der Flüchtlings- und Übersiedlerströme aus den verlorengegangenen Ostprovinzen nach 1945 betrachtet und erlebt? Müßte hier nicht über Tabus und Defizite diskutiert werden, die das Bewußtsein eines großen Teils der BRD- und der DDR-Deutschen bis in die jüngste Vergangenheit hinein prägten und nichts mit kommunistischer Unterdrückungspolitik in den polnischen Westgebieten zu tun haben?

Hat es jemals in den vergangenen Jahrzehnten eine Bewältigung, d.h. eine historische und kulturelle Bewertung des Verlustes von integralen Bestandteilen deutscher Geschichte und Kultur (Schlesien, Neumark, Pommern, Ostpreußen) gegeben? Ist diese Geschichte nicht vornehmlich als Belastung durch Folgewirkungen in Form von schwieriger Integration und Lastenausgleich perzipiert worden? Wer im Westen hat

---

16 Vgl. Leszek Belzyt, Die deutsche Minderheit nach dem Zweiten Weltkrieg: Das Problem der sogenannten Autochthonen, in: ebenda, S. 53 - 64.

sich wirklich Gedanken darum gemacht, daß die Deutschen, die ihre historischen und kulturellen Wurzeln kollektiv verloren haben, sei es daß sie in die beiden deutschen Staaten umsiedelten, sei es daß sie nun in einer polnischen Umgebung lebten – nicht schuldiger an den Verbrechen des Nationalsozialismus wie die Deutschen im Rheinland oder in Sachsen – für den zu Recht verlorenen Krieg doppelt und dreifach zu zahlen hatten?

Beide deutschen Gesellschaften verhielten sich nach dem Zweiten Weltkrieg weitgehend gleichgültig oder gar abwehrend gegenüber dem Drama im Osten. Die DDR fühlte sich so wie so nicht zuständig für deutsche Geschichte vor 1945. "Pollacken" wurden schon die Deutschen aus dem Osten geschimpft, die in den vierziger und fünfziger Jahren in Schleswig-Holstein, in Niedersachsen und anderswo angesiedelt wurden. Dies zu erwähnen, heißt nicht in erster Linie anzuklagen, sondern zu verstehen suchen, warum sich die West- und Mitteldeutschen bis heute so schwer tun mit *diesem* Erbe deutscher Verantwortung für Krieg und Verbrechen. Es ist nachvollziehbar, daß die Deutschen in der Bundesrepublik und in der DDR vollauf mit dem Wiederaufbau, der Schaffung von beruflichen und familiären Existenzen beschäftigt waren und in jedem zusätzlichen Nachbarn aus dem Osten instinktiv und fälschlich eine unerwünschte Belastung sahen, obwohl die Zuwanderung eine ökonomische Bereicherung und schließlich ein Grundstein für den wirtschaftlichen Wiederaufstieg wurde, herrschte doch in den fünfziger Jahren ein dramatischer Arbeitskräftemangel in Deutschland (West und Ost).

So nimmt es kaum Wunder, wenn das Thema des historischen Ostdeutschland und des Heimatverlustes, wenn Kultur- und Brauchtumspflege, vor allem aber auch die politische und völkerrechtliche Dimension der Offenhaltung der Grenzfrage im Osten von den Vertriebenenverbänden und Landsmannschaften bestimmt wurde. Das Vertriebenenproblem und die Frage, wie man mit der achthundertjährigen Geschichte der deutschen Ostprovinzen umgehen sollte, beschäftigte hauptamtliche Vertriebenenpolitiker, die sich zunehmend von der "politischen Klasse" isolierten, zu "Exoten" in den großen Volksparteien wurden, deren Nicht-Vertriebenenpolitiker sich vornehmlich noch bei bestimmten Anlässen zu den legendären Sonntagsreden veranlaßt sahen, zunehmend aber nicht nur ihre Vertriebenenkollegen, sondern den gesamten Komplex deutscher Geschichte und Kultur östlich von Oder und Neiße links oder besser gesagt "rechts" liegen ließen.

Bis weit in konservativ-liberale Kreise hinein galt es als unzeitgemäß, sich mit solchen Themen zu befassen, die für die Vertriebenenpolitiker weiterhin aktuell blieben. Die Beschäftigung mit Fragen nationaler Identität, mit der Relation von Sprache, Kultur und Nationalität in einem Grenzraum, mit einem solchen Phänomen wie "schwebendem Volkstum" galt lange Zeit als antiquiert, verstaubt, ja als nationalismusverdächtig. "Europa" und die Himmelsrichtung Westen waren das Heil der Westdeutschen, und richtig so! Aber war soviel historische Verdrängung notwendig? Man sollte die Kosten dieser "Erlösung" nicht vergessen und sie benennen!

Diese weitverbreitete Einstellung zu einem integralen Bestandteil deutscher Geschichte und Verantwortung ließ es als selbstverständlich erscheinen, daß man sich mit dem

Thema Geschichte des deutschen Ostens, der Vertreibung und des Gebietsverlusts nur so beschäftigen konnte, wie es Heimattage, Brauchtumspflege und Pfingsttreffen der Vertriebenen vorexerzierten.

Die Verdrängungsgeschichte des verlorengegangenen deutschen Ostens im deutschen Westen soll aber nicht vergessen lassen, daß einer aktiven deutschen Politik zugunsten der in ihrer nunmehr polnisch gewordenen Heimat verbliebenen Landsleute bis zum Niedergang des Kommunismus in Europa am Ende der achtziger Jahre enge Grenzen gesetzt blieben. Auch nach Abschluß der Ostverträge der siebziger Jahre konnte bundesdeutsche Politik gegenüber Polen nur die Lösung "humanitärer Fragen" erreichen. Die Durchsetzung kultureller Rechte für eine deutsche Minderheit lag außerhalb des Vorstellbaren. Politik für die deutsche Minderheit, insbesondere im Oppelner und Kattowitzer Oberschlesien, bestand hauptsächlich in der Förderung der Umsiedlung. Alles andere war für die polnischen Behörden "Einmischung in innere Angelegenheiten".

*Die Minderheit nunmehr eine "Brücke"?*

Während noch im Frühjahr 1989 die Existenz einer zahlenmäßig ins Gewicht fallenden deutschen Minderheit in Polen vom polnischen Innenministerium geleugnet worden war – man sprach von ungefähr 2 500 ethnischen Deutschen -, kam es infolge der raschen Demokratisierung in Polen zu einer Neubewertung der Minderheitenproblematik im Kontext der Respektierung der allgemeinen Menschen- und Bürgerrechte und der auch von Polen ratifizierten internationalen Konventionen und Pakte. Am sichtbarsten wurde diese neue Politik an dem Verhältnis zur deutschen Minderheit in Polen, die sich nunmehr organisieren durfte und in kürzester Zeit über 150 000 Unterschriften bei der Einschreibung in "Deutsche Freundschaftskreise" sammeln konnte.

Heute wird die deutsche Minderheit von den polnischen Behörden als die zahlenmäßig größte der nationalen Minderheiten angesehen. Die Schätzungen bei Vertretern der deutschen Minderheit liegen bei 570 000.[17] Deutsche Zahlenangaben liegen teilweise darüber und gehen bis an die Millionengrenze. Diese Differenzen stellen aber zwischen Deutschland und Polen kein politisches Problem mehr dar, da bestimmte Grundprinzipien der Minderheitenpolitik von beiden Seiten übereinstimmend anerkannt werden.

Ihren politischen Ausdruck findet die neue polnische Bedeutungszuweisung für die deutsche Minderheit in den Minderheitenartikeln (Art. 20-22) im "Vertrag über gute Nachbarschaft und freundschaftliche Zusammenarbeit zwischen der Bundesrepublik Deutschland und der Republik Polen" vom 17. Juni 1991 und in dessen Implementierung.[18]

Auf der Basis der entsprechenden Bestimmungen des deutsch-polnischen Freundschaftsvertrages von 1991 wurde die deutsche Minderheit hauptsächlich in Oberschle-

---

17 Gerhard Bartodziej, Die Lage der deutschen Minderheit aus politischer Sicht, in: ebenda, S. 141 - 147, hier S. 141.

18 Bulletin. Presse- und Informationsamt der Bundesregierung, Nr. 68/18.6.1991, S. 544 f.

sien von Deutschland aus in den vergangenen Jahren unterstützt.[19] Die Aufgaben teilen sich das Auswärtige Amt und das Bundesministerium des Innern. So stellte das Bundesinnenministerium im Jahre 1990 rund 6,8 Millionen DM zur Verfügung, 1991 waren es bereits 23,6 Mio. DM, und in den Jahren 1992 und 1993 wurden jeweils über 26 Mio. DM für Hilfen an die Deutschen in Polen durch das Ministerium (teilweise durch Mittlerorganisationen wie den BdV) gegeben. Die Verteilung sah 1992 wie folgt aus:

- 13 427 253 für gemeinschaftsfördernde Hilfen
- 5 289 286 für materielle Hilfen
- 3 898 627 für medizinische Hilfen
- 2 121 256 für wirtschaftliche Hilfen
- 1 165 401 für Aus- und Fortbildung sowie
- 149 191 für Begegnungsreisen.

Dabei wurde darauf geachtet, daß durch die Zuwendungen aus Deutschland die Trennung zwischen den Deutschen und ihren polnischen Nachbarn nicht unnötig vertieft wurde. Der größte Teil der Hilfsmaßnahmen kommt allen Bewohnern der jeweiligen Orte oder Regionen zugute.

Die Förderung der Muttersprache, die aufgrund der Diskriminierungspolitik in der Vergangenheit heute von vielen Angehörigen der Minderheit nicht oder kaum noch beherrscht wird, ist derzeit eines der vordringlichsten Anliegen. Hierzu wurden 1992 durch das Institut für Auslandsbeziehungen (IfA), das diese Aufgaben für die Bundesregierung koordiniert, bereits 3 080 000 DM eingesetzt. Diese verteilten sich wie folgt:

- 1 834 400 für Schulen und Hochschulen
- 493 000 für Kindergärten
- 68 500 für Medien
- 234 500 für kulturelle Projekte
- 264 500 für Austauschprogramme
- 285 000 für Transport und Verwaltung.

Die Rolle einer Brücke, die der Minderheit, vor allem in Oberschlesien, von maßgeblichen deutschen und polnischen Politikern in dem Freundschaftsvertrag vom 17. Juni 1991 zugedacht wurde, kann sie derzeit noch nicht ausfüllen. Sie wäre damit schlicht überfordert. Der Vertreter einer Minderheit innerhalb der organisierten deutschen Minderheit, Dietmar Brehmer, prägte in diesem Kontext das drastische Bild von dem Krüppel, der an olympischen Spielen teilnehmen soll.

Für die Angehörigen der deutschen Minderheit geht es heute in erster Linie darum, daß das an ihnen nach 1945 durch Polen zugefügte Unrecht wiedergutgemacht wird. Klare Vorstellungen über die weitere Arbeit gibt es kaum. Deutsche und Polen fühlen sich

---

19 Zu folgendem: Joachim Rogall, Vom Stolperstein zur Brücke - der Weg in eine sichere Zukunft für die deutsche Minderheit in Polen, in: Hans van der Meulen (Hrsg.), Anerkannt als Minderheit (wie Anm. 10), S. 127 - 140, hier S. 135 f.

durch die Reaktion der jeweils anderen Seite in ihren Vorurteilen bestätigt. Die polnische Bevölkerung hat sich insgesamt, im Gegensatz zum größten Teil der polnischen Politiker, noch nicht völlig mit der Existenz einer größeren Zahl von Deutschen im Lande abgefunden. Die deutsche Minderheit registriert polnische Abneigung, wo sie auftritt, hypersensibel und reagiert trotzig darauf, teilweise provozierend. Das gegenseitige Aufheizen von Emotionen konnte bisher durch "Feuerwehraktionen" vernünftiger Politiker und anderer Personen vor der Erreichung einer gefährlichen Eskalationsstufe beendet werden.

Was nun die Zukunftsperspektive der deutschen Sicht auf die deutsche Minderheit in Oberschlesien betrifft, scheinen auch in Deutschland die Vorstellungen noch nicht geklärt zu sein. Soll die deutsche Minderheit, soweit sie organisatorisch erfaßt ist, aus unvermeidbarer, aber lästiger Verpflichtung nur so lange und so weit wie unbedingt nötig unterstützt werden, mit der stillen Hoffnung, daß sich das Problem mit dem Abtreten der mittleren und älteren Generation gewissermaßen biologisch lösen wird?

Oder will eine überzeugende Mehrheit der Deutschen in Deutschland in dieser Minderheit eine Brücke zwischen Deutschen und Polen sehen? Zu dieser Brücke würden die Oberschlesier allerdings nicht, indem Regisseure von außen mit ihnen ein folkloristisches Stück einstudierten und sie fremdbestimmten. Der Minderheit müßte sehr rasch geholfen werden, aus ihrem geistigen Freilichtmuseum herauszukommen und "modern" zu werden, ohne die Eigenart in ihrer historisch-kulturellen Umgebung zu verlieren. Brücke würde die oberschlesische Minderheit nur dann werden können, wenn man sie ernstnähme, man ihr Wertschätzung entgegenbrächte und Deutsche wie Polen sie vor allem als Bereicherung für das Zusammenleben in einem historischen Raum schwebenden Volkstums und oszillierender Identität betrachteten und nicht als Hindernis bei der Schaffung sogenannter klarer Verhältnisse. Serbien ist überall – mit dem beruhigenden Unterschied im deutsch-polnischen Verhältnis, daß sich hier "das Problem" wirklich durch liegenlassen "lösen" würde. Gäbe es keine Perspektive mehr für die Deutschen in Polen, sie kämen nach Deutschland; einen "Anschluß" bräuchten die Polen nicht zu fürchten, zumal das Oppelner Schlesien keine Grenze mit Deutschland hat. Wollen die Deutschen in Deutschland das wirklich?

## III. Schlußbemerkungen

1. Die weitere Entwicklung der Minderheitenprobleme in Ostmitteleuropa hängt nicht zuletzt vom Erfolg der demokratischen und marktwirtschaftlichen Reformen und der Stabilisierung der sozialen Verhältnisse ab. Wirtschaftlicher Aufschwung, die Etablierung einer neuen Mittelklasse und die Verhinderung der Pauperisierung größerer Bevölkerungsgruppen, die den Nährboden für nationalistische Agitation böte, schaffen Voraussetzungen für eine funktionierende Demokratie. Im Rahmen einer akzeptierten demokratischen Ordnung gäbe es dann genügend Spielraum für die Lösung der noch nicht gelösten Nationalitäten- und Minderheitenprobleme. Die Milderung der wirtschaftlichen und sozialen Problem in den neuen Demokratien beseitigt nicht automatisch diese Konflikte. Ökonomische und soziale Entwicklung könnte das Verhältnis

zwischen Staatsvölkern und nationalen/ethnischen Minderheiten aber so rational gestalten, daß über die allgemeine Anerkennung der bürgerlichen Grundrechte und Freiheiten in einer offenen Zivilgesellschaft in einem nächsten Schritt ein befriedigender rechtlicher und realer Status der Minderheiten gefunden wird.

2. Notwendig ist der Versuch der Überwindung nationaler und ethnischer Antagonismen durch regionale und grenzüberschreitende Zusammenarbeit unter den Staaten Ostmitteleuropas, die das Zusammenleben von Staatsvölkern und Minderheiten positiv erfahrbar machen würde.

3. Von exemplarischer Bedeutung für die Förderung der Beziehungen zwischen den Nationen und Ethnien in Ostmitteleuropa wäre jedoch die Entwicklung der regionalen Kooperation über die ehemalige Ost-West-Grenze in Europa hinweg – nach dem Vorbild der Euroregionen in Westeuropa (Saar-Lothringen-Luxemburg, Elsaß-Baden-Basel), gefördert aus Mitteln der Europäischen Union, deren Mitgliedschaft die Staaten Ostmitteleuropas ohne Ausnahme anstreben. Ungeachtet der wiederauflebenden nationalen Gegensätze in einigen Regionen sind die Erfolgsaussichten für eine allmähliche Mentalitätsänderung in den Bevölkerungen nicht so schlecht – unter der Voraussetzung, daß die Staaten Ostmitteleuropas dem liberal-demokratischen Politikverständnis verpflichtet bleiben. Dies gilt beispielsweise für die Integration der deutschen Minderheit in Polen und für die ungarische Minderheit in der Slowakei.

4. Das Aufleben von Minderheiten- und Volksgruppenproblemen in den Staaten Ostmitteleuropas ist auch Ausdruck der existenziellen Unsicherheiten, in denen sich die Länder nach dem Zusammenbruch der alten europäischen (Jalta-)Ordnung befinden. Plötzlich befinden sich die National- oder Nationalitätenstaaten allein auf dem europäischen Parkett. Ihre politischen, wirtschaftlichen und militärischen Bündnisse sind zusammengebrochen. Die neuen Strukturen greifen noch nicht. Es fehlt an Sicherheit. Dem Sicherheitsbedürfnis der neuen Demokratien muß Rechnung getragen werden, indem die westeuropäisch-nordatlantischen Institutionen den neuen Demokratien geöffnet und neue verbindliche Regeln geschaffen werden, unter denen die Gewährung der individuellen und kollektiven Minderheitenrechte einen prominenten Platz einnähme.

Peer H. Lange

# Die Minderheitenproblematik im östlichen Europa zwischen Großmachtinteressen, Staatsbildung und Modernisierungserfordernis

Die Minderheitenproblematik gewinnt zunehmend außenpolitische Qualität. Noch folgenschwerer wird der Umgang verschiedener Volksgruppen miteinander, wo er zum sicherheitspolitischen Problem gerät. Immer öfter werden auch andere Staaten in scheinbar innenpolitische Problemstrudel hineingezogen. Letztendlich wird die Minderheitenproblematik zu einem Gegenstand europäischer Gestaltungspolitik angesichts der Umstellungserfordernisse im neuen Jahrhundert.

## Die Minderheitenproblematik als Konfliktquelle

Die blutigen Konflikte zwischen Volksstämmen und Religionsgruppen im Raum des ehemaligen Jugoslawien erscheinen auf den Bildschirmen in aller Welt – je nach Parteinahme von jeweils der anderen Frontseite aus gefilmt. (Hierin liegen übrigens, weithin unberücksichtigt, die Ursachen für die völlig kontroverse Sicht der Dinge in Moskau und im Westen!) Das war zuvor schon so im Fall der Kaukasuskonflikte. Was auf den Bildschirmen und Zeitungsseiten farbig vor Augen tritt, aktualisiert auch für die zuschauenden Nationen die Frage nach der Konflikthaltigkeit, der Verträglichkeit und der Befriedungsmöglichkeit. Deren Versuche, diese Konflikte von außen zu befrieden, enden zunehmend und ganz offensichtlich darin, daß auch dritte Mächte in die Konflikte hineingezogen werden. Das gilt in beiden genannten Gebieten auch für uns widerstrebende Deutsche. Unsere wiedervereinigte und gewichtiger gewordene Nation findet sich der Gewissensfrage ausgesetzt, wie und in welchem Maße wir außerhalb der selbstgesetzten Grenzen von Selbstverteidigung dabei mithelfen sollen, Konflikte zu unterdrücken. Diese Entscheidung wird umso schwieriger, als inzwischen die Unterdrückung von Konflikten weltweit immer häufiger mißlingt, weil Techniken des Untergrundkampfes vervollkommnet wurden und Schutzmächte eine immer größere Rolle spielen. Es genügt, an die IRA und an Hamas zu denken – sie stellen das unter Beweis. Ob verfeindete Gruppen überhaupt noch für ein Wiederzusammenfinden offen sind und unter welchen Bedingungen, scheint inzwischen auch eine neue Aufgabe weltweiter Ordnungspolitik zu werden. Palästina und Zypern stehen für diese Schwierigkeit.

Im Osten Europas hat sich mit der Auflösung der Sowjetunion ein weites Feld neuer und noch nicht stabilisierter Staaten aufgetan. Deren Beziehungen untereinander und zu regionalen Vormächten bedürfen in vielfältiger Weise der Neuordnung. Zugleich damit sind neue Minderheiten in neuen Gastnationen zu neuen politischen Faktoren geworden. Die 25 Millionen Russen im Ausland bilden das größte Problem, weil Rußland als Schutzmacht noch folgenschwerer zu handeln verspricht, als Deutschland dies in der Vergangenheit tat.

Deutschlands Haltung hat sich weithin vom Selbstbestimmungsrecht leiten lassen und hat demgegenüber zentralstaatliche Leitvorstellungen hintangestellt. Auch der Beginn des jugoslawischen Bürgerkriegsdramas war seinerzeit mit der Problemlage zusammengefallen, ob und wie ein Vielvölkerstaat aufzulösen und seinen Teilen Souveränität zu übereignen sei. Es wird heute nur zu leicht vergessen, daß die politischen Entscheidungen jener Tage hinsichtlich Jugoslawiens von vergleichbaren Problemen mitbestimmt worden sind, wie sie der Umbau des Sowjetimperiums und der Sowjetunion selber seinerzeit aufwarfen. Erst allmählich schält sich in Umrissen das Bewußtsein heraus, daß die Dialektik von Verselbständigung versus Zusammenschluß, Separation versus Integration eines der prägenden Probleme unserer Tage und unserer Zukunft bildet.

## Internationalisierung von Minderheitenproblemen

Für die Regelung der Minderheitenprobleme im Osten Europas hat die europäische Politik mit ihren alten Traditionen in den letzten Jahren Maßstäbe gesetzt. Sie sind für Osteuropa vor allem im Namen des Europarats, aber auch durch die Tätigkeit der KSZE politisch wirksam geworden. Die Vielzahl der Kommissionen, die in dieser Sache in die baltischen Länder entsandt wurden, spricht für sich. Selten ist jedoch danach gefragt worden, ob mit den Maßstäben des alten Kontinents, beziehungsweise seines westlichen Teils, auch die neuen Wirklichkeiten des europäischen Ostens zukunftsverläßlich geordnet werden können. Nicht nur die italienische Art, mit einer Mafia leben zu können, erweist sich nicht als dorthin übertragbar, sondern es scheint, als seien auch die Schwierigkeiten bisher kaum in den Blick gekommen, wie die Menschenverwehungen, die in Osteuropa von der Herrschaft des Sowjets hinterlassen wurden, zu humanem Miteinander zusammengefügt werden könnten. Das bildhafteste Beispiel findet sich im Baltikum, der unblutigsten Problemregion. Nirgends sonst wurden vergleichsweise soviel Russen oder Nichteinheimische angesiedelt. Nirgends sonst durchlitten die Titularnationen solche Aderlässe durch Exekutionen, Deportationen, Emigrationen und Entrechtungen. Und doch heften sich an kaum einen anderen Raum so viele Erwartungen, Versprechungen, Vorschriften. Aber es zeichnet sich ab, daß sich die dort wuchernden Probleme kaum mit den Regelungen lösen lassen werden, mit denen beispielsweise der dänischen Minderheit in Schleswig und den Südtirolern zu einem friedlichen Miteinander mit ihren Gastnationen verholfen werden konnte!

In der westeuropäischen Minderheitenpolitik widerstreiten noch heute die Auffassungen über die Qualifizierung von Minderheiten. Verdienen nur traditionelle historisch etablierte Minoritäten Schutz und Garantien oder auch die sogenannten Neuen Minderheiten, nämlich Angesiedelte und Zuwanderer? Die westeuropäischen Nationen nehmen in dieser Frage unterschiedliche Standpunkte ein. Die Gründe hierfür liegen in den jeweiligen nationalen Interessenschwerpunkten, zum Beispiel der Problematik der Korsen oder Algerier für Frankreich oder in der Problematik der Gastarbeiter einerseits, der deutschen Minderheiten im Ausland andererseits für Deutschland. Für die Türkei ist die Frage ihrer neuen Minderheiten im Ausland aktueller denn je – durch die kurdische Minderheitenproblematik in Verbindung mit deren kämpferischer bis terroristischer Diaspora.

Im Osten Europas hat die sozialistische Tradition zwar einen kulturellen folkloristischen Schutz von Minderheiten gestattet, zugleich aber auch *politisch* bedeutsame Entwicklungen unterdrückt. Nun brechen diese Probleme gefahrvoll auf, verstärkt durch die Folgen stalinistischer Siedlungspolitik. Diese hatte die bereits Ende des vorigen Jahrhunderts beginnende Russifizierung verstärkt fortgeführt. Das Ergebnis sind die genannten 25 Millionen Russen außerhalb der Grenzen des heutigen Staates, eine Kategorie von Minderheiten mit völlig anderer als der im Westen gewohnten Qualität. Es handelt sich um eine bisher privilegierte, systemgetragene Oberschicht, die ihre Sprache, ihre soziale politische Stellung und die Macht des Staates den kleinen Nationen, in denen sie heute Gastrecht genießen soll, oktroyierte. Ihre Entmachtung bedeutet folgerichtig, Strukturelemente der Gesellschaftsordnung umstellen zu müssen, angefangen von anderen Sprachbedingungen bis hin zu den komplexen Problemen änderungsbedürftiger Wohnprivilegien und Verwaltungsordnungen wie auch jenen Strukturmerkmalen, die mit dem Aufbau neuer Machtinstrumente des Staates verbunden sind. Zusätzlich ist die Minderheitenproblematik durch die von Hitler begonnene und von Stalin perfektionierte Umsiedlung ganzer Völkerschaften, wie die der Krimtataren oder der Wolgadeutschen und anderer deutscher Siedlungsgruppen, deutlich verschärft worden. Heute wird das auf der Krim durch die Remigration der Krimtataren und ihre Instrumentalisierung in der Auseinandersetzung zwischen Ukrainern und Russen deutlich. So, wie die rücksiedelnden Tataren auf der Krim, treffen auch die Wolgadeutschen in ihren alten Siedlungsgebieten an der Wolga auf Xenophobie bei den dort inzwischen Ansässigen.

Und dennoch werden noch nirgends Konzeptionen für die Neuordnung des Zusammenlebens verschiedener Gruppen erkennbar. Die sozialen Schwierigkeiten verstärken vielmehr einen ethnischen Nationalismus als Identifizierungsnorm, der seinerseits Separierung und Konfrontation nach sich zieht. Die Deformierung durch das sowjetische Kommandosystem hat in dieser Konfliktlage zur Folge, daß Regelungen dieser Konfliktlagen kaum aus eigener Kraft der beteiligten Parteien erreicht werden, sondern allenthalben von außen eingefordert müssen. Wir stehen vor einem Prozeß der Internationalisierung dieser Probleme, was auch im Baltikum deutlich erkennbar ist. Im Raum der ehemaligen Sowjetunion hat dies zur paradoxen Konstellation geführt, daß mangels Alternativen – Westeuropa war zu einem friedensstiftenden Eingreifen bislang nicht bereit – die vormals beherrschende Macht neuerlich zur Streitunterdrückung aufgerufen wird, was wiederum deren spannungsträchtige Großmachtambitionen bestärkt.

## Grenzen der Integrationsmöglichkeit

Die östlichen wie die westlichen Denkansätze zum Umbau des zentralistischen, sozialistischen Kommandosystems hatten sich fast ausschließlich auf die Umgestaltung der politisch-wirtschaftlichen Ordnung beschränkt. Heute wird deutlich, daß auch die zwischenethnischen Beziehungen im Osten Europas immer dringlicher einer Neuordnung bedürfen. Das betrifft vor allem die Problematik der *Integrierbarkeit von Minderheiten.* Die westeuropäische Erfahrung im Umgang mit dem Minderheitenproblem hatte es nie mit solchen Dimensionen zu tun, wie sie nunmehr im Osten zur Bewältigung anstehen. Minderheiten, die die Hälfte der Gesamtbevölkerung betragen wie in Lettland oder über ein Drittel wie in Estland, sind neu und von den tradierten Möglichkeiten für die Lösung dieser Probleme, die der Westen anzubieten hat, nicht abgedeckt. Beide Länder griffen in ihrer Gesetzgebung auf legislative Regelungen der Zwischenkriegszeit zurück, als die Minoritätenkonstellation noch durchaus übliche Größenverhältnisse aufwies. Die westlichen Erwartungen und Forderungen, die an die baltischen Länder gestellt werden, basieren auf vergleichbaren Voraussetzungen. Sowohl die baltische historische Erfahrung als auch die vom Westen aufgestellten Normen haben eine integrative Regelung der Beziehungen von unterschiedlichen Gruppen eines Volkes oder einer Bevölkerung zum Ziel. Dabei visieren sie eine Integrierung an, die den *Nationalstaat mit ethnisch-nationaler Grundlage bewahren* soll. Dies aber ist bei den nunmehr im Osten vorliegenden und aus der Politik des Stalinismus folgenden Bedingungen kaum zu verwirklichen.

Im einzelnen ist folgendes zu erkennen: Erstens weisen die neuen Minderheiten Osteuropas und des früheren sowjetischen Raumes gemischte, unterschiedliche Kriterien auf, was einer Integration erschwerend entgegenstehen kann. Zweitens bezwecken die gängigen Minderheitenrechte auf eigene Schulen, Bildung und Masseninformation letztlich eine *Erhaltung* der Eigentümlichkeit von fremdstämmigen und anderskulturellen Bevölkerungsgruppen gegenüber einem ansonsten existenzgefährdenden Übergewicht der Titularmehrheit. Diese aus westlicher Erfahrung gewonnenen Maßstäbe haben bisher nie auf Situationen angewendet werden müssen, in denen die Einwohnerschaft einer Landesmetropole und Hauptstadt zu rund drei Vierteln aus Zuwanderern besteht wie in Riga. Diese Zuwanderer bilden hier wie in anderen Landesteilen geschlossene Siedlungsgemeinschaften, deren Bildungs- und Verkehrssprache nicht die des Landes war und ist, sondern die einer zuvor übermächtigen, heute als Schutzmacht fungierenden Nachbarnation. Deren sowjetische bzw. orthodoxe Kulturtradition dürfte maßgeblichen Einfluß auf die Bildung und Erziehung (das bedeutet in modernem Sprachgebrauch: auf das "know how") und die damit verbundene Entwicklungsfähigkeit des betreffenden Gastlandes nehmen. Hinzu kommt, daß die Zahlen und Tendenzen der Bevölkerungsentwicklung anzeigen, daß der Anteil der Titularnation an Familienbildung und Geburtenraten zurückgeht, wodurch auch diese entwicklungsbestimmenden Faktoren anstatt in Richtung einer Integration in die einer zunehmenden Überfremdung weisen. Andere Besonderheiten kommen hinzu.

Das faschistische Italien hatte in Südtirol seine Italienisierungspolitik darauf gestützt, Beamtentum und Industrie italienisch zu besetzen. Sowjetrußland übertrumpfte dies: es stampfte in Estland Chemieforschungszentren mit sowjetisch-zuverlässigen Kadern aus dem Boden – Sillamae im Nordosten – die mit Tradition und Bildung der estnischen Nation nichts gemein hatten und wegen der strategischen Bedeutung und der damit verbundenen Isolierung nichts gemein haben durften. Die Sowjetunion besiedelte Grenzgebiete wie das von Narwa, die umkämpft waren, "ethnisch sauber", d.h. mit Angehörigen der eigenen russischen Nation neu und verwirklichte am Ende gegen langjährigen estnischen Widerstand innerhalb der estnischen Hauptstadt im Stadtteil Lassnamae eine sowjetisch bestimmte "Russifizierung durch Industrialisierung".

Ein Vergleich dieser Fälle mit der Entwicklung in Südtirol mag die akuten politischen Schwierigkeiten verdeutlichen: In Überwindung der faschistischen Italienisierung gewannen die Südtiroler nach dem Zweiten Weltkrieg mit starker Unterstützung Österreichs eine weitgehende Autonomie. Rußland könnte sich auf diesen Weg verwiesen fühlen und in Umkehrung der Sachlage ähnliche Autonomierechte für die Russen in Estland beanspruchen, wie sie die Südtiroler jetzt in Italien besitzen – was in einem historisch weniger verfälschenden Vergleich eher am Modell der Minderheitenrechte für Italiener in einem verselbständigten Südtirol zu illustrieren wäre. Auch an diesem Gedankenspiel wird die unzulängliche Übertragbarkeit westlicher Minderheitenregelungen für die Lösung von Folgen stalinistischer Russifizierung deutlich.

Die Russen der Dnjestrrepublik in Moldavien und diejenigen der Krim bilden vergleichbare Probleme. Noch gewichtiger – und unvergleichbarer mit der Entwicklung im Baltikum – stellen sich die Probleme der ca. 40 Prozent starken russischen Minderheit in Kasachstan dar. Nirgendwo ist zu erkennen, wie die im Westen oft geforderte Integration der angesiedelten russischen "Minderheiten" sich praktisch in urspünglich ethnisch definierten Ländern verwirklichen lassen könnte, die zur Sowjetzeit unter der Zielsetzung einer vermischten Gesellschaftsentwicklung strukturiert wurden. Solange nicht klar ist, welcher Zielvorstellung – zwischen der Schmelztiegel-Gesellschaft von Einwanderungsländern wie den USA und ethnisch definierten Nationalstaaten wie Polen – die Entwicklung in diesen Problemländern zugeordnet werden sollte, bleiben unpräzisierte westliche Forderungen nach Integrierung und Gleichstellung der neuen Pseudo-Minderheiten sowjetischer Provenienz unsachgerecht und problemhaltig.

Ein sicherlich gewagter Gedankensprung mag verdeutlichen, was im Baltikum eigentlich zur Regelung ansteht: Man stelle sich vor, die im Dritten Reich im "Warthegau" (Gebiet Posen-Westpreußen) angesiedelten Deutschen würden dort heute noch ein Minoritätenproblem darstellen! Deren damalige Vorrechte waren denjenigen der in den von Stalin hinzugewonnenen Territorien angesiedelten Russen nicht unähnlich, die Entrechtung der Indigenen erreichte zwar bei weitem nicht das Maß dessen, was das nationalsozialistische Deutschland in Westpreußen verbrach, führte jedoch in Verbindung mit Massenliquidationen und -deportationen zu spezifischen Deformationsergebnissen.

Die Frage nach der Integrierbarkeit existierender Großminderheiten und ihre tendenziell negative Beantwortung hat unausweichliche Konsequenzen. Im Baltikum stellt sich heute die Frage, ob für Estland und Lettland auf Grund der ethnischen Gegebenheiten überhaupt noch der Entwicklungsweg zu einem Nationalstaat offensteht, oder ob nicht vielmehr durch die Macht der Geschichte gesellschaftspolitisch anders zu definierende Ziele für die neue Staatswerdung erzwungen werden. Die schwierige Lage, in der sich die baltischen Nationen befinden, scheint dies nahezulegen: Wirtschaftlich müssen sie nicht nur die relative Nähe zum Entwicklungsstand der westeuropäischen Nationen nachholen und wiedergewinnen, derer sie sich in der Zwischenkriegszeit erfreuten, sondern sie müssen zugleich mit der Annäherung an das sich zusammenschließende Westeuropa auch noch dessen rapide Modernisierungswendung hin zu den Erfordernissen des kommenden Jahrhunderts nachvollziehen. Gesellschaftspolitisch haben sie die Schwierigkeiten zu überwinden, die ihnen die wiederholte Auslöschung ihrer Eliten durch das Sowjetsystem und die Entrechtung, durch welche ihre Souveränitätsfähigkeit verstümmelt wurde, in den Weg stellten.

Die Zurückgebliebenheit baltischer Bibliotheken, Universitäten und Forschungseinrichtungen bezeugt beängstigend eindeutig, wie bewußt hier nachholender Klassenkampf im stalinistischen Sinn betrieben worden ist, um alle Reste bourgeoisen Denkens zugrunde gehen zu lassen. Die politische Korruption bildet eine weitere Fessel in der mühseligen Reinigung von den Folgen des bolschewistischen Überwachungssystems, die in dem immer noch skurrile Blüten treibenden und doch begründeten gegenseitigen Mißtrauen der neuen politischen Eliten heute noch zum Ausdruck kommen. Hier wird auch erkennbar, daß die überlagernde Deformation durch das Sowjetsystem, die zwar Mehrheiten und Minderheiten gleichermaßen, aber mit unterschiedlichen Voraussetzungen und Härten traf, ihre eigenen Konsequenzen hat. Für die Ausformung des Verhältnisses von Mehrheit zu Minderheit im Osten Europas bedarf es ganz offensichtlich neuer, von den westlichen Erfahrungen mit der Minderheitenpolitik nicht abgedeckter Gestaltungspolitik. Sie wird sich am Modernisierungserfordernis des kommenden Jahrhunderts in seiner Bedeutung für diesen Entwicklungsraum auszurichten haben. In diesem Erfordernis scheint sich eine einzige Möglichkeit zu einer neuen gemeinsamen Identität der indigenen wie der angesiedelten Bevölkerungsteile in den postsowjetischen Staaten abzuzeichnen: die Modernisierungsidentität.

Wie diese Problematik anzugehen ist, zeigt sich deutlich, wenn man sie im Rahmen der Modernisierungserfordernisse bewertet. Dann haben diese Probleme, wiederum an einem Fall zu verdeutlichen, eine ganz andere Bedeutung. Im bereits erwähnten Sillamae im Nordosten Estlands ist tatsächlich ein neues Industrie- und Forschungspotential auf landesfremder ethnischer Minderheitengrundlage angesiedelt worden. Aber dieses Forschungspotential ist modernisierungsrelevant. Somit stellt sich der estnischen Politik die Frage, wie dieses Forschungspotential (auch wenn es ausländischen Investoren übereignet wird) als integratives Element im Modernisierungsprozeß des neuen estnischen Staats genutzt werden kann. Hier kann ein Beispiel gesetzt werden. Das gleiche gilt in anderer Hinsicht für das Nachbarland Lettland, das eine alte Industriekultur aufweist, die aber (so im Dünaburger Raum) während der Herrschaft des Stalinismus sowjetisiert und russifiziert worden ist. Auch hier fallen Modernisierungserfordernis und Lösung der Minderheitenfrage im Sinne von Bildung und Modernisierung zusammen. Präsident Meri ist in Bonn vor zwei Jahren gefragt worden, ob denn Estland, das nach der Integration in Westeuropa verlange, zum dafür notwendigen Verzicht auf souveräne Rechte bereit wäre. Damals antwortete er: "Wir brauchen eine Zeit der nationalen Wiederfindung. Wir brauchen eine historische Epoche, ehe wir Verzicht auf unsere Souveränität leisten können." Er hat damit ein typisches Problem angesprochen. Modernisierung hin zum kommenden Jahrhundert wird wahrscheinlich nur gelingen, wenn die Individualisierung, von der Meri damals sprach, auch wirklich gelingt. Unter Umständen kann die Modernisierung nur dadurch erreicht werden, daß nichtintegrable Teile ihre autonome Identität finden und auf diese Weise modernisierungsfähig werden. Dieser typische Problemfall des heutigen europäischen Ostens wird wohl immer auch ein Gegenstand westeuropäischer Politik sein.

Das Beispiel des Nordostens Estlands weist auf die nächste wichtige Frage in diesem Kontext: die Rolle von Protektionsmächten. Rußland wird gegenwärtig zu der wohl weltweit herausragenden Protektionsmacht für Minderheiten. Früher hat Ungarn im europäischen Raum als solche gegolten, und auch Deutschlands Verhältnis zu seinen Volksgruppen außer Landes hat historisch prägend gewirkt. Heute schickt sich Rußland an, die größten Probleme für die internationale Politik aufzuwerfen. Jelzins Erlaß vom 3. November 1994 über das Recht zum Schutz der Russen im Ausland hat das deutlicher als alles andere ausgewiesen. In Frage steht dabei vor allem, ob Rußland sich hierbei an internationale Standards halten wird, oder ob sich eine Tendenz durchsetzt, diese Fragen im Sinne einer Großmachtpolitik oder eines Neoimperialismus zu lösen. Wo immer diese Fragen relevant sind, wie im Baltikum, auf der Krim, in Moldavien und im Kaukasus, schlagen sie zumeist auch in sicherheitspolitische Qualität um. Wenn die Frage der Auslandsrussen für die Protektionsmacht Rußland als von primärer Bedeutung definiert wird, dann schlägt sich dies auch alsbald in der Konfiguration russischer militärischer Macht nieder. Folgerichtig werden wiederum die Verteidigungskonzepte der betroffenen benachbarten Staaten entsprechend diesen sich ankündigenden Tendenzen russischer protektionistischer Machtpolitik ausgestaltet werden müssen. Auch das verzweifelte Drängen der baltischen Staaten und anderer Teile des ehemaligen Sowjetimperiums auf Mitgliedschaft in der NATO weist dies überdeutlich aus. Das heißt, die Auswirkungen der Minderheitenproblematik auch auf die Sicherheitspolitik werden beängstigend deutlich.

## Separation versus Integration – oder "Interoperabilität"?

Eine weitere Teilproblematik ergibt sich daraus, daß sich hinter der Minderheitenfrage auch das Widerspruchspaar von Separierung und Integration verbirgt. Gleichzeitigkeit und scheinbare Gegenläufigkeit von Separierung und Integration sind typisch für unsere Zeit. Die westeuropäische Integration trifft allenthalben, vor allem im Osten Europas, auf eine Tendenz zur Teilung oder Abspaltung. Diese wird fermentiert durch unterschiedliche Minderheitenkonstellationen. Sind beide Tendenzen miteinander verträglich oder schließen sie sich aus und gebären Konflikte oder aber führen sie zu neuen Interaktionsmöglichkeiten?

Der Sachverhalt läßt sich an einem gegebenen Fall illustrieren: die Minderheitenfrage könnte zu Versuchen führen – Ansätze hierzu hat es 1993 gegeben – beispielsweise das Gebiet um Narwa, das heute fast ausschließlich russisch besiedelt ist, von Estland zu separieren. Diese Ansatzmöglichkeiten für eine destabilisierende russische Politik sind neu. Die heutige Konstellation ist gegenüber derjenigen der Zwischenkriegszeit völlig verändert. Die neue Problematik, durch stalinistische Siedlungspolitik geschaffen, liegt darin, daß hier geschlossen siedelnde Minderheiten in grenznahen Räumen für die benachbarte, regional dominierende Protektionsmacht instrumentalisierbar werden. Diese Problematik ist nicht auf das Baltikum begrenzt (sie ergibt sich z. B. auch bei den ungarischen Minderheiten in benachbarten Staaten und wird im jugoslawischen Raum zu einem Problem), stellt sich jedoch hier in bezug auf Rußland als potentielle Protektionsmacht am schärfsten.

In diesem Zusammenhang ist aber auch zu fragen, wie sich die Lösung dieser Fragen dann in dem vorhin erwähnten Modernisierungsprozeß, in dem wir uns befinden, stellt. Der Nordosten Europas bietet auch hierfür ein neues ungewohntes Modell an. Die finnische Politik hat sich des russischen politischen Begriffs des "nahen Auslands" bemächtigt, indem sie ihn umwendete: Finnland müsse Sorge tragen, das eigene "nahe Ausland" Finnlands zu entwickeln und eine neue eigene Nahauslandspolitik in den angrenzenden Regionen zu betreiben. Estland hat das teilweise konzeptionell bereits übernommen, und es wird darüber nachgedacht, wie Estland zur Modernisierung der ihm entwendeten heutigen russischen Territorien beitragen kann. Hier ist ein modernisierender Einfluß über die Grenzen hinweg durchaus denkbar: vermittels der Sprachenfrage, vermittels der Kenntnisse, die hier vorliegen. Ähnlichkeiten zur Regionenentwicklung in Westeuropa deuten sich an, die ja gleichfalls über nationalstaatliche Grenzen hinweg besondere lokale Aufgaben erfüllen will. Letztlich ist das finnische Konzept aber auch nur eine andere Ausformung dessen, was die deutsche Politik (Kinkel) für das Baltikum als die Funktion einer Türangel empfohlen hat, eines Bewegungselementes, das eine Wirkung überträgt. (Dieser Begriff bezeichnet besser als der früher verwendete der Brücke, was damit bezweckt werden könnte.)

Eine so ausgerichtete Politik nutzt die kulturelle und geschichtliche Unterschiedlichkeit der Entwicklungs- oder Modernisierungsfähigkeit von Völkern, wie sie sich im Baltikum besonders deutlich abzeichnet. Der kulturelle Hintergrund Rußlands, das andersgeartete 'Know-how' aufgrund einer achtzigjährigen sowjetischen Erziehung mit dem Vorlauf orthodoxer Geisteshaltung und autokratischer Staatstradition, bedingt sicherlich eine andersgeartete Modernisierungsfähigkeit als diejenige der baltischen Völker, mit ihrer jahrhundertealten abendländischen Entwicklungsbindung und bürgerlich-demokratischen Tradition – selbst wenn auch dort die Wirkungen sowjetischer Deformierung verheerend sein mögen. Dabei stellt sich die Frage, ob Regionen einer benachbarten Großmacht anders entwickelt werden können als deren Kern oder ob diese Funktion überhaupt erfüllt werden kann, wenn Rußland wieder zum Zentralismus zurückfindet? Das finnische Konzept scheint demgegenüber auf einer anderen Beantwortung dieser Frage zu basieren: Eine Fehlentwicklung Rußlands lasse sich wohl am ehesten über die Peripherien verhindern! Föderalismus, ein russischer Föderalismus wäre weniger ein Ansatzpunkt, als eine wünschenswerte Wirkung. Die Alternative: ein innerer Krampfzustand Rußlands zwischen Weltabkehr und Weltöffnung, zwischen Selbstisolierung und Machtpolitik bildet aber auch das Hintergrundproblem für die Lösung der Minderheitenproblematik in und um Rußland.

Komplexe wie zukunftbestimmende Probleme sind es, die sich im Osten Europas mit der Minderheitenproblematik verbinden und die die internationale wie die westliche Politik herausfordern. Unsere Politik, die sich dieser Herausforderung stellen will, darf sich wohl kaum mit dem Rückgriff auf unsere andersgelagerten Erfahrungen zufriedengeben. Sie ist gefordert, auch Strukturfragen zu beantworten. Gestaltungspolitik für das 21. Jahrhundert wird auf dem Weg über die Modernisierung auch die scheinbar unlösbaren Konfliktsituationen in ethnischen Beziehungen und in der Minderheitenproblematik mit innovativen Anätzen anzugehen haben.

Gesellschaftsentwicklung statt – oder als Ergänzung zu – Nationalstaatsentwicklung – vor dieser Wegscheide stehen manche osteuropäischen Völker in ihrer Staatsentwicklung. Für das westliche Europa ergibt das die Frage, inwieweit die bisher entwickelten westlichen Institutionen hierzu einen Beitrag zu leisten vermögen, und inwieweit westliche Modellvorstellungen dies auch situationsgerecht thematisiert haben. Die westliche Welt wird mit Sicherheit darauf verwiesen werden, daß eine Integrationsabstufung unvermeidlich ist, wenn die Details der Integrationsmöglichkeit im Osten Europas – besonders unter dem Aspekt der Verbindung von Minderheiten und Modernisierungserfordernissen – berücksichtigt werden sollen. Das heißt, daß die Integration Gesamteuropas eine Frage von Abstufung und Differenzierung, von Berücksichtigung geschichtlicher wie kultureller Problemkomplexe ist. Sie liegen exemplarisch – und damit die gestaltungspolitische Befähigung des Westens besonders herausfordernd – im deformierten und deshalb, wie jede Ruinenlandschaft, aufbauheischenden Osten Europas vor.

**Artur Hajnicz**

## Zur aktuellen Diskussion in Polen über Vertreibung

Ich möchte Ihnen erklären, woher ich den Mut genommen habe, gerade hier mit diesem Thema hervorzutreten. Ich habe es auch mit Herrn Senator Gerhard Bartodziej, dem Vertreter der deutschen Minderheit im polnischen Senat, besprochen. Die deutsche Minderheit ist die einzige Minderheit in Polen, die eine parlamentarische Vertretung sowohl im Sejm als auch im Senat hat. Diese kleine Parlamentariergruppe hat manchmal, wenn die Regierung nur über eine sehr knappe Mehrheit verfügte, zum Beispiel unter Ministerpräsidentin Suchocka, Entscheidungen mitbestimmt. Senator Bartodziej sagte mir: "Wenn du es nicht machst, wer soll es sonst tun?"

Ich bin mir bewußt, daß ich einen großen Teil meiner Zuhörer nicht überzeugen werde. Ich behaupte nicht, daß meine Vorstellungen tadellos und ohne Fehler sind, denn niemand kann sicher sein, daß nur er recht hat. Nur dann, wenn jemand die ganze Wahrheit und Weisheit erworben hat, gibt es keine Diskussion. Gerade jetzt ist aber ein Gespräch, ein Dialog über die Vertreibung sehr wichtig. Ich möchte es unterstreichen und betonen, daß das nicht nur meine Meinung ist, sondern auch viele meiner Kollegen, mit denen ich in Polen vor meiner Reise gesprochen habe, sagen, daß man über die Frage der Vertreibung endlich offen auch mit den Vertretern der Vertriebenen sprechen muß. Dies war natürlich vor fünf oder sechs Jahren noch unmöglich und unvorstellbar. Die Vertreibung war ein tragischer Abschnitt der Geschichte, der jahrzehntelang nur Haß, Ärger, Mißtrauen und Zorn hervorgerufen hat. Ein solches Gespräch ist heute unvermeidlich. Bevor ich zur Sache komme, möchte ich noch ein paar Bemerkungen zum Stand der deutsch-polnischen Beziehungen machen und mich über die Ursachen des großen Umbruchs in den beiderseitigen Beziehungen äußern.

In den Jahren 1989/90 entstand eine seit Jahrhunderten nicht mehr dagewesene internationale politische Konstellation. Es kam zu einem außergewöhnlich wichtigen Moment in der Weltgeschichte, wo die nationalen Interessen der Polen und der Deutschen ineinander verzahnt waren und sich gegenseitig unterstützt haben. Das große Ziel der Deutschen war die deutsche Einheit. Dieses Ziel blieb jedoch jahrelang etwas nebulös und unrealistisch. Es konnte nicht erreicht werden ohne den Zerfall des kommunistischen Systems, vor allem des sowjetischen Satellitensystems. Dieses System zerbrach eben in Polen nach den Ereignissen des Jahres 1980 auf der Danziger Werft und den Wahlen vom 4. Juni 1989, als eine erste nichtkommunistische, eigentlich sogar antikommunistische Regierung im gesamten Raum zwischen Elbe und Sachalin entstand. Ohne diese Vorgänge wäre die Frage der deutschen Einheit weiterhin völlig unklärbar geblieben. Aber es gilt auch eine Gegenseitigkeit. Ohne die deutsche Einheit konnte sich diese Wende in Polen nicht etablieren. Sie wäre gefährdet geblieben und hätte nicht überlebt, weil Polen umzingelt war. Es steckte in einem allseitig geschlossenen Käfig. Ohne die deutsche Einheit wäre der Käfig nicht zerbrochen.

Das waren die allgemeinen Bedingungen, die objektive Lage, die die Politiker mehr oder weniger gut nutzen konnten. Für meine Person muß ich sagen, daß ich von Anfang an einer der wenigen in Polen war, der mit Begeisterung die Politik von Bundeskanzler Kohl beobachtet hat, weil er die o.g. Verzahnung der Interessen richtig verstanden hat.

Das neue Polen mußte sich auch vom Warschauer Pakt befreien. Heute habe ich mehrmals gehört, der Warschauer Pakt sei zerfallen. Das stimmt nicht. Der Warschauer Pakt wurde *innerlich* zersetzt. Die neue polnische Regierung konnte die Kontrolle über die eigene Armee nicht ohne die Zersetzung des Warschauer Paktes erlangen. Das wurde nicht Deutschland zuliebe getan, sondern es war eine ganz wichtige Frage der eigenen Existenz. Der Kampf um den Warschauer Pakt war ein innerer Kampf im Satellitensystem, und Polen war am meisten daran interessiert. Und ohne den Zerfall des Paktes konnte die deutsche Einheit nicht zustande kommen.

Darüber könnte man noch sehr viel länger sprechen, aber ich begnüge mich nur mit ein paar Anhaltspunkten. Es entstand ein Moment, wo die Interessen verzahnt waren. Diesen Moment konnte und sollte man packen, denn diese Situation konnte und sollte das Verhältnis der Staaten zueinander auf längere Sicht neugestalten.

Natürlich hat sich das Bewußtsein der Völker nicht so schnell entwickelt und verändert wie die politische Lage. Da ist noch viel zu tun. Aber diese Wende hatte – das war kein Zufall – sehr wichtige Gründe, sie hat etwas Wichtiges in ganz Mitteleuropa zum Positiven verändert. Wir wiederholten seit 1982 und 1983 immer, daß die Berliner Mauer auch eine polnische Mauer war. Das habe ich 1988 auch in der deutschen Zeitschrift "Außenpolitik" geschrieben. Es war eine Mauer, die Polen vom Westen abgetrennt hat. Es handelte sich nicht nur um eine deutsche Mauer.

Die deutsch-polnischen Beziehungen haben sich in diesen fünf Jahren in allen Bereichen entwickelt. Die Grundlage dieser neuen Beziehungen bildet jedoch das Vertragswerk. Darüber werde ich nicht reden. Es war aber ein sehr schwieriger Weg, ein riskanter Weg, über den man noch viel zu wenig weiß. In der Präambel des ersten Vertrages vom 14. November 1990 ist ein Satz enthalten, den ich Ihnen vorlesen möchte: "Eingedenk dessen, daß seit Ende des Zweiten Weltkrieges 45 Jahre vergangen sind, und im Bewußtsein, daß das schwere Leid, das dieser Krieg mit sich gebracht hat, insbesondere auch der von zahlreichen Deutschen und Polen erlittene Verlust ihrer Heimat durch Vertreibung oder Aussiedlung, eine Mahnung und Herausforderung zur Gestaltung friedlicher Beziehungen zwischen den beiden Völkern und Staaten darstellt." Schon im Jahre 1990 wurde also in diesem Satz Vertreibung als ein gemeinsames Leid beider Völker anerkannt. Das ist natürlich noch kein Dialog, sondern nur eine Analyse. Es ist aber auch ein Hinweis, wie man dieses tragische Problem neu verstehen soll. Wir sollten uns, glaube ich, auf diesen Hinweis stützen.

Natürlich hat sich in den seither vergangenen vier, fünf Jahren in der Frage der Vertreibung sehr vieles geändert. Vor allem gibt es jedoch immer noch zwei Probleme. Das Ganze bleibt ein sehr wenig beackertes Feld, auf dem noch viel zu tun ist. Doch hat sich doch Grundsätzliches geändert. So wurde das störende Vorfeld abgeholzt. Beiderseits wurde hinsichtlich der Vertreibung der Deutschen ein Tabu gebrochen. Jahrzehntelang war in Polen die Vertreibung der Deutschen ein Tabu, worüber nicht offen geredet und nie geschrieben wurde. Sogar das Wort "Vertreibung" durfte nicht gebraucht werden.

Man sprach nur sehr behutsam von einer "völkerrechtlich bestätigten Aussiedlung". Auch auf der deutschen Seite wurde der Begriff "Vertreibung" meiner Meinung nach einigermaßen tabuisiert. Man hat weder die Vielfalt noch alle Umstände und Zusammenhänge dieser Ereignisse, dieser Tragödie berücksichtigt. In Polen hat vor allem die junge Generation gefordert, alle verfügbaren Informationen zu bekommen. Die Jugend wollte wissen, was in den Zeiten des Kommunismus verdeckt und verheimlicht wurde. Es ist seither eine ganze Menge von Büchern, Filmen, Artikeln und Vorträgen veröffentlicht worden. Heute ist die Vertreibung kein Tabu mehr, man will vielmehr mehr darüber wissen, obwohl es weiter Schwierigkeiten gibt, weil bestimmte Kreise und Leute verhindern wollen, daß es an die Öffentlichkeit gelangt. Das Tabu ist also gebrochen, die Sache aber noch längst nicht erledigt.

Die zweite Änderung bezieht sich auf die Funktion dieses Problems in der Politik. Jetzt handelt es sich um ein sehr wichtiges Element des nationalen Bewußtseins, des historischen Bewußtseins des deutschen, polnischen und tschechischen Volkes. Man könnte auch sagen, daß im Prozeß der Versöhnung und Normalisierung der Beziehungen hier noch eine Lücke geblieben ist. Vor der großen Wende hatte die Vertreibungsfrage eine ganz andere Funktion. Die deutsche Frage war politisch und verfassungsrechtlich offen. Niemand wußte, wie die deutsche Einheit künftig zustande kommen würde. Ebenso war ungewiß, wie sich während dieses Umbruchs, während der künftigen Vereinigung die deutsch-polnischen Beziehungen gestalten würden – ob die Völker in einem solchen Augenblick gemeinsam oder gegeneinander handeln würden. Damals war noch alles möglich. Die Frage der Vertreibung hätte in der dramatischen Phase des Umbruchs eine akute politische Rolle spielen können. Es entstand also ein unberechenbarer, ungewisser Raum, und das hatte die beiden Seiten, vor allem die polnische, versteift – sie sind in das Tabu geflüchtet.

Heute ist die Bundesrepublik kein Staat mehr "im Werden". Das Grundgesetz verpflichtet nicht zu Änderungen oder Ergänzungen. Die Zweistaatlichkeit der Deutschen hat verschiedene Folgen und Spannungen geschaffen, auch im Bereich der Vertreibung. Eine solche Änderung der politischen Rolle der Vertreibungsfrage schafft nicht nur Möglichkeiten, sondern schafft ein Bedürfnis, gemeinsam, sine ira et studio, die Frage in ihrer vollen historischen Breite und mit voller Berücksichtigung verschiedener Meinungen und Anschauungen – auch der Partner – zu untersuchen. Es geht nicht nur darum, eine wesentliche Lücke im Verständigungsprozeß zu schließen, es soll auch genesend auf das Selbstwertgefühl der Völker eingewirkt werden. Ich meine, daß sowohl im nationalen Bewußtsein der Polen als auch der Deutschen dieses Problem Wunden zurückgelassen hat, die noch nicht geheilt sind, die aber geheilt werden sollten – mit unserer Hilfe.

Bundespräsident Roman Herzog hat in seiner großen, ja historischen Rede in der Warschauer Altstadt verlangt, daß sich beide Völker dem Grauen ihrer jüngsten Geschichte in aller Offenheit und ohne Vorurteile mit Mut zur vollen Wahrheit stellen sollen. Es ist klar, daß man diese Forderung, diesen Hinweis im Hinblick auf die Frage der Vertreibung noch nicht erfüllt hat. Es bezieht sich sowohl auf die Deutschen als auch auf die Polen. Meiner Meinung nach sind es in der Öffentlichkeit vor allem die deutschen Vertriebenen selbst, denen wir die Antwort auf viele wichtige Grundfragen schuldig geblieben sind. Wie war es möglich, wie kam es dazu, warum ist es geschehen? Diese Frage ist meiner Meinung nach noch nicht vorurteilsfrei beantwortet. Viele Berichte wurden veröffentlicht, wie zum Beispiel der bekannte und wichtige von Heinz Esser über die Fälle in Lamsdorf. Das sollte man gründlich studieren und auch in Polen mehr bekannt machen als bisher, obwohl darüber schon viele Bücher erschienen sind. Das gehört aber insgesamt zum letzten Kapitel der Geschichte, die zur Vertreibung geführt hat. Hier finden wir die Antwort darauf, *was geschehen ist*, aber nicht die Antwort darauf, *wie* es historisch dazu *kommen konnte* und wie es möglich war. Man sollte betonen, obwohl es ganz banal und selbstverständlich ist, daß der polnische Staat vor und während des Krieges territoriale Eroberungen im Westen nicht beabsichtigt und auch nicht die geringste Möglichkeit hatte, diese Gebiete zu erbeuten. Die Geschichte der Armia Krajowa (AK) und des Warschauer Aufstandes im Sommer 1944 und vorher in Wolhynien, Wilna und Lwów beweisen, daß die Polen noch im Sommer 1944 ihren verlorenen Staat und sein Hoheitsgebiet wiedererkämpfen wollten. Der Warschauer Aufstand wurde vom Dritten Reich mit Zustimmung Stalins blutig und rücksichtslos niedergemetzelt. Polen war kein Subjekt, sondern es wurde ein Objekt der Westverschiebung, so wie es Goethe im "Faust" schrieb: "Du meinst, du schiebst, du bist geschoben." Dieser mit seinem Territorium westverschobene polnische Staat war ein Ergebnis des Handelns der Großmächte. Die Polen haben sich das zu eigen gemacht und haben es anerkannt, weil sie es mußten. Sie hatten keine andere Wahl.

Jetzt möchte ich zur Frage des "Warum" kommen. Wo stecken die historischen Wurzeln dieser Geschehnisse? Diese erste Stufe auf dem Weg zur Hölle, zur Vertreibung, wurde nicht im Jahre 1945, sondern im Jahre 1938 beschritten. Als erste Stufe sehe ich bereits das Münchener Abkommen an. Eine nationale Minderheit diente als Vorwand, um geographisch und historisch gewachsene Grenzen zu verändern und anschließend einen ganzen Staat zu zerschlagen. Die Menschen lebten jahrelang friedlich miteinander – ich selber stamme aus Galizien, mein Vater war K.u.K. Offizier; von ihm habe ich sozusagen bestimmte Gefühle für diese Monarchie, die ein Vielvölkerstaat war. Plötzlich aber war der nationale Wahn so groß geworden, daß die Leute nicht mehr zusammenleben konnten und wollten. Die Folgen davon spüren wir bis heute. Ich weiß, daß manche Völkerrechtler der Vertriebenen es ablehnen, das Münchener Abkommen als null und nichtig zu bezeichnen. Als Völkerrechtler könnte ich ihnen formell recht geben. Die faktischen Folgen des Abkommens haben jedoch eine neue Lage geschaffen, indem sie die Rechte der Minderheit in eine Zerstörungskraft verwandelt haben. Das wirkt bis heute nach. Wenn das alles rückgängig gemacht und der tschechoslowakische Staat nach der Niederlage des Hitlerreiches wiederhergestellt werden sollte, so mußte das das weitere Verbleiben der Minderheit im Staat in Frage stellen. Das war natürlich für die Menschen besonders tragisch, steckt aber in der Logik dieser Vorgänge.

Das war die erste Stufe auf diesem Kreuzweg. Die zweite Stufe war der Ribbentrop-Molotov-Pakt, durch den die ganze europäische Landkarte zerrissen wurde. Die Grundlagen der europäischen Ordnung wurden zerstört. Wenn man eine Karte, eine Ordnung zerstört, ist es nicht leicht, zu dem vorherigen Stand zurückzukehren. Wenn man eine Weltordnung vernichtet, ist das Endergebnis davon abhängig, wer den Krieg gewinnt. Hitler hat durch den Überfall auf die Sowjetunion am 22. Juni 1941 Stalin in die westliche Allianz hineingestürzt – wider seinen Willen. Stalin wollte seiner ganzen Substanz nach eher ein Verbündeter Hitlers als einer der verhaßten westlichen Demokratien sein. Es entstand eine ganz neue Lage. Es gab für den polnischen Staat keine Möglichkeit mehr, in den alten Grenzen wiederzuerstehen. Die Sowjetunion war ein sehr wichtiges Mitglied der Antihitler-Allianz. Auch im Historikerstreit wird es erwähnt, und ich lese es mit Verwunderung, wenn man sagt, daß die Westmächte, vor allem Anthony Eden, schon 1942 eine Vertreibung als politisches Ziel erwogen. Anthony Eden hat es sich nicht ausgedacht. Es entstand vielmehr eine neue Lage. Die Sowjetunion war der Verbündete und hat die großen Siege bei Moskau und Stalingrad errungen. Weder Großbritannien noch die Vereinigten Staaten konnten sich den Forderungen der Sowjetunion entziehen. Am wichtigsten war es, den Krieg siegreich zu beenden, und in dieser Lage konnte man nicht zur alten Landkarte zurückkehren. Das zerbrochene Porzellan konnte man nicht mehr kitten. Man mußte Territorialverschiebungen schaffen und – da kommt wieder die erste Stufe – es war damals schon ganz klar, daß Territorialverschiebungen ohne Vertreibung oder Aussiedlungen praktisch wirkungslos gewesen wären.

Die dritte Stufe auf diesem Kreuzweg wurde im Sommer 1944 betreten. Das Dritte Reich hatte den Weltkrieg damals militärisch schon verloren. In Weißrußland wurde die Heeresgruppe "Mitte" eingeschlossen und vernichtet. In der Normandie konnten die Westalliierten erfolgreich landen. Alle Verbündeten des Dritten Reiches hatten versagt oder waren auf die andere Seite übergewechselt. Es bestand keine Möglichkeit mehr für die deutsche Seite, menschliche oder materielle Verluste zu ersetzen. Marschall Rommel hat damals einen Brief an Hitler geschrieben, wonach der Krieg verloren und es die Pflicht der Regierenden sei, daraus die notwendigen Konsequenzen zu ziehen. Damals hätte man – von deutschem Standpunkt aus gesehen – noch etwas retten können, nicht alles natürlich. Hitler konnte persönlich Selbstmord begehen, aber als Staatsmann war die Kapitulation seine Pflicht, also schon damals die notwendige Konsequenz zu. Alles andere war Hochverrat gegen das eigene Volk und den eigenen Staat.

Andreas Hillgruber meint in seinem bekannten Buch "Zweierlei Untergang", daß die Vertreibung der Deutschen aus dem Osten und die Zerschlagung des Deutschen Reiches nicht nur eine Antwort auf die Verbrechen der nationalsozialistischen Gewaltherrschaft war, sondern langerwogenen Zielen der gegnerischen Großmächte entsprach. Das stimmt nicht, damit bin ich nicht einverstanden. Es war keine Erfindung von Churchill oder Eden, das war einzig allein das Ergebnis des Krieges, den Hitler entfacht hatte. Es handelt sich nicht um Rache oder Strafe. Das sind falsche Begriffe, die im Lauf der Geschichte keine entscheidende Rolle spielen. Es war auch keine Vergeltung.

Es gibt auch noch andere Aspekte. Man spricht zum Beispiel viel von verletzten Rechten, aber man vergißt dabei, daß in diesem Moment alle Rechte des deutschen Staates aufgehoben waren. Es gab kein Recht. Man konnte damals nicht erwarten, daß die Kolonnen der Roten Armee das früher verletzte Recht aufrecht erhalten würden.

Erst dann, wenn man diese geschichtlichen Umstände ins Auge faßt, kommt man dazu – und das möchte ich jetzt tun -, die Beziehungen zwischen Polen und Deutschen in diesem tragischen Augenblick des Zusammenbruchs des Dritten Reiches zu betrachten. Es wurde viel darüber geschrieben, aber ich meine, daß man jetzt gemeinsam davon reden sollte. Man hat darüber keine ausreichend konkrete Vorstellung, daß damals ein polnischer demographischer Druck entstanden ist. Schon vor dem Ende des Krieges, im März und April 1945, hat die Sowjetunion mit der von ihr selbst eingesetzten kommunistischen Lubliner Regierung ein Repatriierungsabkommen abgeschlossen. Alle polnischen

Bürger, die während des Krieges nach Sibirien oder Mittelasien verschleppt, verhaftet oder vertrieben worden waren, konnten jetzt zurückkehren. Das bedeutete aber nicht "zurück in ihre eigenen Städte und Dörfer", sondern "zurück nach Polen"; praktisch gingen alle diese Züge nach Westen. Daneben gab es weitere Umsiedler. Die überlebende Bevölkerung Warschaus war in Lager gesperrt worden. Diese Menschen bildeten ebenfalls einen Teil des demographischen Druckes, sie reisten in Transportzügen nach Westen. Weitere Hunderttausende von Polen haben eben in diesem Moment Galizien und die übrigen Ostgebiete verlassen. Die Entscheidung war gefallen, und allen war klar, daß die Ostgebiete sowjetisch bleiben würden. Diese Menschen wollten nicht unter sowjetrussischer Herrschaft bleiben. Sie wollten nach Westen. Lemberg/Lwów beispielsweise, eine Stadt mit 300 000 Einwohnern, war mehrheitlich von Polen bewohnt; die Ukrainer stellten nur zehn Prozent der Bevölkerung. Wilna hatte nur etwa fünf Prozent Litauer. Erst bei Kriegsende hat sich die demographische Karte in Ostpolen wirklich grundsätzlich geändert. Die Leute haben massenhaft diese Territorien, ihre Heimat, verlassen und sind geflüchtet. Das war eine Flucht, aber auch eine Vertreibung, eine Zwangsaussiedlung. Verhaftungen hatten bereits begonnen, neue Züge nach Sibirien waren bereits unterwegs – wegen Zugehörigkeit zur AK und anderer angeblicher Delikte. Die Leute hatten in diesem Moment keine Zukunft mehr in diesen Gebieten. Insgesamt machten sich etwa eineinhalb bis zwei Millionen Menschen auf den Weg, eine regelrechte Völkerwanderung. Wenn ich an meine Geburtsstadt Lemberg/ Lwów denke, eine spätestens seit dem 14. Jahrhundert polnische Stadt, ein Zentrum polnischer Kultur und Wissenschaft, muß ich sagen, daß es dort heute fast überhaupt keine Polen mehr gibt. Sie haben diese Stadt in den Jahren 1945-1946 verlassen. Diese ganze Völkerwanderung hat der deutsche Krieg verursacht. Das war die größte Völkerwanderung in Europa seit dem Mittelalter.

Ich habe mich nicht mit allen Einzelheiten der Tragödie von Lamsdorf beschäftigt. Wir müssen aber hinter die Kulissen schauen. Heinz Esser hat gesehen, was in diesem Lager vorgekommen ist. Er hat die Verbrechen gesehen und geschildert. Er kannte aber nicht die Kulissen. Von den Kulissen aus gesehen war es so, daß etwa ein Zug beispielsweise aus Galizien kam, ein anderer aus Wolhynien, mit Zehntausenden von Leuten, oft halbverhungert. Die Behörden suchten dann auf der Karte einen Punkt, ein Städtchen, das sie überhaupt nicht kannten. Dieser Ort sollte geräumt werden, um Platz für die Neuankömmlinge zu machen. Das war ein Todesurteil für die dort lebenden, völlig harmlosen und ganz unschuldigen Menschen, die überhaupt nicht damit rechneten. Es war ein Unrecht, aber der Begriff ist eigentlich ahistorisch. Es war vielleicht noch ärger. Die deutsche Bevölkerung war *außer Recht* gestellt. Es gibt doch kein Recht ohne Staat, und die deutsche Bevölkerung befand sich außerhalb des Schutzes des Staates. Die Deutschen waren keine Bürger des eben entstehenden, aber noch nicht entstandenen polnischen Staates. Sie waren aber auch keine Bürger des Deutschen Reiches mehr, weil das Reich nicht mehr existierte. Sie befanden sich als Menschen außer Recht in einer schrecklichen Lage. Bei der Unterschrift unter ein Abkommen in Potsdam kann man beim Champagner natürlich leicht schreiben, daß die Aussiedlung humanitär durchgeführt werden solle. Aber das war reine Theorie. Keine Zwangsaussiedlung ist humanitär vorstellbar.

Man könnte noch vieles dazu bemerken. Es gehört dazu, daß auch der polnische Staat in diesem Moment in voller Zerrüttung war. Nach dem Kriege wurden hunderttausende Soldaten demobilisiert, weil es für die Armee kein Geld gab. Gleichzeitig war die Armee in zwei Bürgerkriege verwickelt, mit der AK und mit den aufständischen Ukrainern in Südgalizien. Jahrelang gab es daneben den "Wilden Westen", wie man ihn in Polen genannt hat, ohne eine leistungsfähige Administration, voller Räuberbanden. Das war der breite und dunkle Hintergrund der Tragödie der deutschen Bevölkerung. Lamsdorf war dabei das schrecklichste, aber – ehrlich gesagt – keine Ausnahme. Verfolgungen und Mißhandlungen erlitten die Deutschen auch in Pommern, Ostpreußen und im übrigen Schlesien. Noch einmal zu Heinz Esser: sein Buch ist ein Dokument des Schreckens und des Schmerzes. Er stellt die ganze deutsche Tragödie aus der Sicht eines Opfers dar. Man sollte aber auch andere Zeugnisse dazu heranziehen. Ich meine damit beispielsweise das Buch von Edmund Nowak, das 1990 erschienen ist, mit dem Titel "Schatten von Lamsdorf".

Heute sollte man auf jeden Fall die ganze Geschichte gemeinsam untersuchen. Natürlich wurden von polnischer Seite während der Vertreibung Verbrechen begangen, aber man soll – das ist meine Meinung – die Vertreibung und die Westverschiebung Polens, Vorgänge, die den ganzen mitteleuropäischen Raum betroffen haben, von den Vertreibungsverbrechen unterscheiden. Die Vertreibung als geschichtliches Ereignis war ein Ergebnis des ganzen Zweiten Weltkrieges. Die Vertreibungsverbrechen bleiben Verbrechen, die von Polen begangen wurden.

Auch ich selbst bin ein Vertriebener. Ich bin im Jahre 1980 nach Lemberg in die Wohnung gekommen, in der ich geboren wurde. Da habe ich mit einem jungen ukrainischen Studenten gesprochen und ihm gesagt: "Weißt du, in diesem Zimmer bin ich geboren worden." Da antwortete er mir: "Ja, ich auch." Wir haben uns dann die Hände gedrückt. Damit, mit diesem Händedruck, war sozusagen mein Recht auf Heimat erledigt. Eigentlich habe ich dort nämlich keine Zukunft mehr, denn dieser Student hat das Recht, und die Zukunft gehört ihm. Ohne Lwów, Lemberg, ukrainisch Lviv konnte eine unabhängige Ukraine nicht entstehen. Ostgalizien war doch das Piemont der neuen Ukraine. In Polen sprechen viele nostalgisch über Lemberg, aber niemand möchte es eigentlich wiedererlangen. Ich kann mir das auch nicht vorstellen. Ohne Gewalt, ohne Krieg, ohne neue Vertreibung kann man hier nichts ändern.

Dagegen sollen die Verbrechen der Vertreibung mehr als bis heute bekannt gemacht und allgemein verdammt werden. Auch dies soll zur Versöhnung und zur Genesung des nationalen Bewußtseins dienen. Die Leiden, die der Krieg Polen, Deutschen und vielen Völkern verursacht hat, sollen nach 50 Jahren nicht gegeneinander aufgerechnet werden. Sie sollen so, wie es im deutsch-polnischen Vertrag steht, als gemeinsame Leiden der Opfer betrachtet werden. Polen, Juden, Russen, aber auch Deutsche wurden Opfer dieses Krieges, auch Deutsche! Und dies ist heute eine Grundlage der neuen Auferstehung Deutschlands. Diese Opfer und Leiden der Vertriebenen, der Kriegsgefangenen, der Bombardierten, der Betrogenen haben auch im moralischen Sinn diese Wende ermöglicht, daß das vereinte Deutschland nach 50 Jahren als souveräner gleichberechtigter Staat seinen wichtigen Platz zwischen anderen europäischen Staaten gefunden hat.

**Hans Graf Huyn**

# Deutschland und das östliche Europa. Eine historisch-politische Standortbestimmung

Das mir gesetzte Thema könnte ich, selbst wenn ich bis Mitternacht sprechen würde, nicht annähernd erschöpfend behandeln. Die historisch-politische Standortbestimmung des mittelost- und osteuropäischen Raumes ist ein so komplexes Thema, daß es sehr schwer ist, darüber etwas Abschließendes zu sagen. Erlauben Sie mir daher, daß ich eher in einigen Aperçus, in einzelnen Gedanken das eine oder andere sage, vielleicht auch als Ergänzung zu manchen Vorträgen, die vor mir gehalten worden sind.

Ich war und bin sehr beeindruckt von dem, was Dr. Hajnicz in seinem Vortrag gesagt hat. Ich bin überzeugt, daß es darüber sehr unterschiedliche Ansichten gibt, aber die Tatsache, daß ein Pole vor deutschen Heimatvertriebenen die Dinge sagt, die er gesagt hat, und wie er sie gesagt hat, finde ich ganz hervorragend. Und ich will dies auch begründen. All das kann nur der Anfang von vielen notwendigen weiteren Schritten des Gedankenaustauschs sein.

Ich habe damals, als außenpolitischer Berater von Franz-Josef Strauß, gegen die Ostpolitik der Regierung Brandt gekämpft und vieles darüber publiziert. Ich habe danach als Deutschland- und Außenpolitischer Sprecher der CSU im Deutschen Bundestag immer dafür gekämpft, die Fahne der Freiheit nicht nur in deutschen Dingen hochzuhalten. Wir müssen in die Zukunft schauen, ohne die Vergangenheit zu vergessen, ohne etwas zuzudecken, ohne etwas zu beschönigen, ohne etwas von der einen oder anderen Seite wegzulassen: das kann sicher nur in einem langwierigen Prozeß geschehen. Das ist nichts, was man in einer Tagung erledigen kann. Das ist auch etwas, das eindringen muß in die Köpfe und Seelen der Menschen, aller Menschen im mittleren Europa, der Deutschen, Polen, Tschechen, Slowaken und vieler anderer.

Es gibt das böse Wort, das besagt: "Es ist leichter, die ganze Welt zu umarmen, als mit seinem Nachbarn in Frieden zu leben." Wenn wir zu recht sagen, die Geographie ist die Mutter der Geschichte, dann wissen wir auch, daß unsere Nachbarn auf alle Zeiten immer dieselben bleiben werden. Es ist eine der Aufgaben der Politik, eine Situation zu sichern und herbeizuführen, in der diese Nachbarschaft gut und fruchtbar und friedlich ist. Und deswegen habe ich es während meiner Tätigkeit im Auswärtigen Dienst immer als die Hauptaufgabe angesehen, die Verständigung mit unseren beiden wichtigsten Nachbarvölkern, nämlich Franzosen und Polen, voranzutreiben, daneben natürlich auch mit den Tschechen und besonders – nach all dem, was in deutschem Namen geschehen ist – mit den Juden. Und ich glaube, daß dies eine moralische und zugleich eine politische Forderung ist. In einem müssen wir uns in Europa alle einig sein, daß es nie mehr wieder Bruderkriege in Europa geben darf. Und darin sehe ich die eigentliche Hauptaufgabe der Politik. Seien Sie mir deshalb nicht böse, wenn ich zu diesem ernsten

Thema und nach den ebenfalls sehr ernsten Worten von Dr. Hajnicz versuche, das jetzt etwas aufzulockern.

Was ist das mittlere Europa, Ostmitteleuropa? Sicher vom Baltikum bis Ungarn, und ich würde sagen, einschließlich Siebenbürgen. Rumänien, Bulgarien und auch Serbien, das, was früher einmal Jugoslawien war, ist schon eine andere Gegend, auch Rußland. Es ist nach einem Wort, das der österreichische Wirtschaftsminister vor kurzem auf einer Konferenz geprägt hat – und ich knüpfe hier an das K.u.K. von Dr. Hajnicz an – da, "wo der heilige Nepomuk auf den Brücken steht, wo Blumen vor den Fenstern sind, wo man, wenn man einen Kaffee bestellt, ein Glas Wasser dazu bekommt und wo man die Damen mit einem Handkuß begrüßt". Man kann das natürlich auch noch variieren. Und ich möchte eines gleich sagen, was ich jetzt nicht aperçuhaft, sondern sehr ernst meine. Ich glaube, worunter Europa am meisten gelitten hat, das sind die von Professor Rak beschriebenen Ideologien, Ersatzreligionen. Der Nationalismus zählte darunter zu den virulentesten und, so möchte ich gleich hinzufügen, zu denjenigen, die wir uns in der Mitte Europas am wenigsten erlauben können; nicht nur wir Deutschen, sondern alle, denn er war ja eine gemeinsame europäische Krankheit. Es gab nicht nur einen deutschen Nationalismus, es gab natürlich genauso einen polnischen, einen französischen Chauvinismus, einen italienischen Irredentismus und vieles mehr. All das hat furchtbares Unglück über Europa gebracht. Und in Wirklichkeit geht es doch sehr wohl, daß Menschen auch von verschiedenen Völkern miteinander leben können.

In Böhmen gab es früher etwas, was man die "Natio Bohemica" nannte, die böhmische Nation. Und das umfaßte selbstverständlich Tschechen und Deutsche und Juden. Erst seit Herder eigentlich, der insofern nicht nur 'fröhliche Wissenschaft' ausgelöst hat, sondern auch einer der Großväter der europäischen Nationalismen geworden ist, haben sich die Nationen gegeneinander hochgeschaukelt. Noch František Palacký, der tschechische Historiker, hat 1848 während der Revolution geschrieben: "Gäbe es die Donau-Monarchie nicht, so müßte man sie erfinden." Er hat nicht "K.u.K." gesagt, weil es diese Bezeichnung erst seit der Reichsteilung von 1867 gab, die wiederum deshalb entstand, weil Bismarck den preußisch-deutschen Krieg geführt und ein Klein-Deutschland geschaffen hatte, ohne Österreich. Dadurch bildete sich natürlich auch in Österreich ein deutscher irredenter Nationalismus heraus, ein Sumpf, aus dem dann mit Schönerer, Lueger und anderen eben jemand wie unser "größter Führer aller Zeiten" seine geistige Nahrung erhielt.

Seit 1867 bestand die Teilung in den kaiserlich-österreichischen und königlich-ungarischen Teil, und im österreichischen Teil kam dann auch die Irredenta der Italiener und der Tschechen und aller anderen auf, so daß der Kaiser Franz Josef, der von 1848 bis 1916 eine unglaublich lange Zeit regierte, es sich nicht leisten konnte – und das war sicher ein Fehler – sich zum König von Böhmen krönen zu lassen, und dadurch fühlten sich die Tschechen zurückgesetzt. Damit begann die Zeit der Nationalitätenkämpfe. Was Dr. Hajnicz dazu und zum Münchener Abkommen ausgeführt hat, war sicher in vielen Teilen richtig, aber man muß natürlich auch die Vorgeschichte sehen. Die Tschechen fühlten sich durch die Deutschen unterdrückt. Es gab aber auch gute Lösungen wie etwa den mährischen Ausgleich von 1905, der eine brillante Lösung war. Hier wird deutlich, wie man versuchen kann, Völkern, die in einer Gemengelage leben, zur Wahrnehmung ihrer Rechte in bezug auf Muttersprache, Erziehung, Theater, Kultur, zu verhelfen. Jeder konnte sich in ein Nationalitätenkataster eintragen, und ein Teil der Steuern war der allgemeine, der für Straßenbau, Verteidigung, Verkehr und Sicherheit usw. diente wie in jedem Land, aber jede Gruppe bestimmte dann über den anderen Teil, über deutsche Schulen, tschechische Schulen, deutsche Theater, tschechische Bibliotheken, Vereine, Theater, Musik usw. Der Ausgleich kam zwar nie völlig zur Anwendung, hat aber allein schon durch seine Existenz die Lage dort außerordentlich beruhigt und entspannt.

Ich habe vor über zehn Jahren in einem Artikel geschrieben: "Es wird kein in Freiheit vereintes Deutschland geben ohne ein freies Polen, und es wird kein freies Polen geben ohne ein in Freiheit geeintes Deutschland." Der Spiegel hat das abgedruckt, aber nur die Hälfte. Das war genau die Fälschung, die entscheidend war, daß ich nämlich behauptet hätte, Polen sei völlig von Deutschland abhängig, und es werde ein freies Polen nur ohne ein in Freiheit vereintes Deutschland geben. In Wirklichkeit war dies eine gegenseitige Bedingtheit.

Wenn ich jetzt systematisch versuchen würde, eine große historisch-politische Standortbestimmung vorzunehmen, dann müßte ich ganz weit in die Geschichte zurückgehen, zumindestens bis 1389, zur Schlacht auf dem Amselfeld, und bis 1453, zum Fall von Konstantinopel. Warum? Weil sich dort eine Trennungslinie im östlichen Europa durchgesetzt hat, die – wie ich meine – heute und sicher noch für lange Zeit die Politik bestimmt, nämlich die Trennungslinie zwischen römisch-lateinisch geprägter und orthodoxer Welt. Diese Linie verläuft quer durch den Balkan. Wir haben es in jüngster Vergangenheit auf tragischste Weise in Bihać und in ganz Exjugoslawien erlebt. Wir haben es gesehen an der unterschiedlichen Entwicklung, die etwa einerseits Rumänien und Bulgarien genommen haben und andererseits eher mitteleuropäische Staaten wie Ungarn, die Tschechische Republik, Polen und auch die baltischen Staaten, die ich eindeutig zu diesem westlichen Kreis zählen möchte. Wir sehen es an einem Land, wo diese Trennungslinie mitten hindurchgeht, nämlich an der Ukraine: die Westukraine, griechisch-uniert und ehemals Teil der K.u.K. – Monarchie – die Ostukraine, sehr weitgehend russisch-orthodox geprägt. Es ist im Grunde eine Tragik der europäischen Geschichte, daß sich während des polnisch-litauischen Großreiches vor fast 400 Jahren die Kosaken im entscheidenden Moment unter Chmelnicki auf die russische Seite geschlagen und dadurch Europa – so muß man wirklich sagen – zurückgedrängt haben. Es bestehen tiefgreifende Unterschiede zwischen Rußland und Europa, zu dem Rußland zwar politisch zählt, weil es Einfluß hat, seit Peter dem Großen oder mindestens seit dem Wiener Kongreß, seitdem russische Truppen in Paris nach dem Sieg über Napoleon paradierten. Es gilt auch für Bereiche der russischen Kultur; man denke etwa nur an Namen wie Tolstoj, Tschaikowsky, Puschkin. Aber geistig ist Rußland eben Eurasien. Es ist eine Entité eigener Art, die zwei Gesichter hat: ein Gesicht nach Asien, nach Wladiwostok, und ein Gesicht nach Europa.

Eine Frage hat die europäischen Politiker in den letzten Jahren zunehmend bewegt: Wo endet denn eigentlich Europa? Das ist, wie ich glaube, eine ganz entscheidende Frage, denn sie hängt mit der Idee vom "gemeinsamen europäischen Haus" zusammen oder mit dem Gedanken einer "Friedenszone von Vancouver bis Wladiwostok" – eine höchst gefährliche Idee! Sie werden sich vielleicht an folgende Szene erinnern. Am 12. Dezember 1992 fand die KSZE-Außenministerkonferenz in Stockholm statt. Auf dieser KSZE-Konferenz hat der russische Außenminister Kosyrew eine Rede gehalten, die plötzlich als Blitzmeldung durch sämtliche Gazetten und Nachrichtendienste der Welt ging. Er hat dort gesagt, Rußland müsse wieder eine Politik betreiben, bei der es das nahe Ausland einbeziehe, eine Politik zurück zum imperialen Gedanken. Weiterhin hat er etwas gesagt – und da hat er sicher recht – was ich wörtlich zitiere: "Unsere Traditionen liegen im Wesentlichen in Asien." Damals bewirkte er Empörung, Aufregung und Unsicherheit. Wie in einem Hühnerstall sind die westlichen Außenminister und ihre Berater in Stockholm durch die Flure gelaufen, die Journalisten wußten nicht ein noch aus. Dann hat Kosyrew gesagt: "Nein, nein, April, April!" Diese Rede wäre von einem russischen Außenminister hier gehalten worden, wenn die Gegner der Reformkräfte in Moskau zur Macht kämen. Wenn man heute die Außenpolitik von Kosyrew, Jelzin und Primakow untersucht – er bestimmt sie als alter KGB-Chef des Auslandsnachrichtendienstes wesentlich mit – dann kann man nur sagen, daß Rußland in den vergangenen zwei Jahren seine Politik völlig verändert hat und jetzt genauso handelt, wie es Kosyrew noch 1992 als Aprilscherz bezeichnet hat. Jelzins Sprecher Kostikow erklärte am 8. April 1994 – ich zitiere wieder wörtlich – "Rußlands romantische Umarmung mit dem Westen ist passé. Rußlands strategische Interessen sind andere als die Europas." Ich hatte vor einem knappen Jahr die Gelegenheit, in Washington mit Zbigniew Brzezinski zu sprechen; wir waren uns völlig einig in der Analyse: der Lackmus-Test für die Beurteilung der russischen Außenpolitik sind im Grunde zwei Regionen, nämlich die Ukraine und das Baltikum. Rußland kann die Ukraine auf die eine oder andere Art wieder unter seine Obhut bringen, nicht unbedingt durch eine militärische Besetzung – es geht auch viel eleganter. Das zweite gefährdete Expansionsgebiet sind die baltischen Staaten. Das müssen wir stets im Auge behalten.

Aus diesen Gründen müssen wir genau wissen, wo Europa eigentlich aufhört. Dazu möchte ich Sie etwas fragen: Weiß jemand von Ihnen, wer das erfunden hat, daß Europa vom Atlantik bis zum Ural reicht, wie wir es alle in der Schule gelernt haben? Die Russen, das einzig wirklich davon betroffene Volk, haben das übrigens nie akzeptiert, denn wer je einmal am Ural war oder darübergeflogen ist, sieht, daß das nicht etwa ein Gebirge wie die Alpen ist, sondern eine Hügelkette, die zwei sehr ähnliche Teile eines Landes verbindet. Die Abgrenzung geht auf einen deutschen Stubengelehrten namens Strahlenberg um 1730 zurück, eine Zeit, in der man alles klassifizieren wollte, als Linné die Tiere und Pflanzen eingeteilt und alles mit schönen lateinischen Namen versehen hat. Mit deutscher Perfektion hat also Herr Strahlenberg um 1730 die Kontinente voneinander abgegrenzt. Den Ural als Grenzlinie festgelegt hat als erster dann ein Berliner Wissenschaftler namens Peter Simon Pallas, der 1741 geboren wurde. Er hatte sich zuvor um so wichtige Themen wie die Klassifikation der Würmer und die Aufzählung der Pflanzentiere bemüht. Dann meinte er, nach Würmern, Pflanzen und Tieren wären vielleicht auch die Kontinente einmal dran, und hat dann festgelegt, der

Ural solle die Grenze Europas sein. Er war einen ganzen Winter eingeschneit in Ufa, und wahrscheinlich ist ihm dort nichts Besseres eingefallen.

Europa ist aber mehr als ein geographischer Begriff. Europa ist eine geistig-historisch-politische Einheit in der Vielfalt. Salvador de Madariaga, der große spanische Historiker und Philosoph – ich habe mit ihm einmal über Europa diskutiert – hat das auch geschrieben, aber er hat mir ebenso gesagt: "Wissen Sie, wenn man Europa mit einer Frucht vergleicht, dann ist das nicht wie ein Apfel oder eine Birne in einem Stück, sondern wie eine Weintraube mit den verschiedenen Beeren daran. Das sind die verschiedenen Nationen und die verschiedenen Regionen. Und doch hängen sie alle zusammen. Das Leben der einen bedingt das der anderen, aber jede hat auch ihre Individualität."

Warum ist das mit der Grenze am Ural falsch? Aus geistesgeschichtlichen Gründen! Wenn man die russische Geschichte betrachtet – ich kann das nur sehr kursorisch tun – gibt es drei Eigenheiten, die den übrigen Europäern abgehen. Als erstes ist das Erbe von Byzanz zu nennen. Moskau hat sich als das dritte Rom betrachtet, als der Nachfolger von Byzanz, hat im übrigen sehr viel vom byzantinischen Hofzeremoniell und viele andere Dinge der Geschichte übernommen, insbesondere natürlich die orthodoxe Kirche. Damit sind zwei ganz wesentliche Faktoren zu beachten. Das lateinische Europa hatte im Mittelalter den Dualismus zwischen Kaiser und Papst, also zwei gleichberechtigte Größen, die nebeneinander standen und doch etwas anerkennen mußten, was über ihnen war, nämlich ein Recht, das gewissermaßen abgrenzte, was der eine und was der andere tun durfte. Darüber hat es auch Konflikte gegeben, etwa den Investiturstreit, aber trotzdem, im Prinzip war dies das Entscheidende. Das ist eine der geistigen Wurzeln Europas, abgesehen von der Gründung der Städte und der daraus folgenden Bürgerindividualität, die sogar das Recht des Bürgers auf Widerstand gegen die Obrigkeit beinhaltete, was wir im spanischen Recht ebenso finden wie im deutschen Recht, zum Beispiel im Sachsenspiegel.

In Konstantinopel war das völlig anders. Dort gab es einen Cäsaropapismus, den Moskau übernommen hat. Der Kaiser war oberste Gewalt, das geistliche Oberhaupt lediglich der oberste Liturg und dem Kaiser völlig unterworfen. Das heißt, er folgte der jeweiligen Herrschaft. Und das hat die russische Kirche völlig übernommen. Sie hat in gleicher Weise dem Großfürsten von Moskau und dem Zaren gedient wie Josef Wissarionowitsch Dschugaschwili, genannt Stalin. Dies wird deutlich, wenn man die Ergebenheitsadresse der Kirche von 1942 liest, als Stalin den Großen Vaterländischen Krieg verkündete, verkünden mußte, weil die Russen alles andere als begeistert waren für den Sozialismus, mit den Kommissaren im Rücken ihr Leben einzusetzen – aber für Rußland, für Mütterchen Rußland, für ihr Vaterland, für die Kirche, für die Priester, die die Waffen segneten, dafür waren sie dann doch eher bereit, dies zu tun. Bis heute noch sind etwa 50 % aller Geistlichen der russisch-orthodoxen Kirche Mitarbeiter des KGB, weil der KGB entweder nur jemanden in ein Priesterseminar überhaupt eintreten ließ, wenn er von ihm ausgewählt war, oder er selbst seine eigenen Leute hineingeschickt hat.

Das ist der eine große Unterschied, das Fehlen eines Rechtsbewußtseins, wie wir es im Westen haben. Und das kann man nicht in ein paar Jahren schaffen, auch nicht in einer Generation. Ich meine, wir wissen alle, welche Schwierigkeiten der psychisch-geistigen Adaptation unsere Landsleute in den neuen Bundesländern nach nur 50 Jahren Trennung und einer gemeinsamen Geschichte davor haben. Aber wie soll das ein Land wie Rußland aus einer völlig anderen Tradition schaffen, das im übrigen auch niemals eine demokratische Vergangenheit hatte, mit Ausnahme der wenigen Jahre der Dritten Duma?

Diese Übernahme und die Proklamation des dritten Roms hat Philoteus kurz nach dem Fall von Konstantinopel treffend in den Worten zusammengefaßt: "Zwei Rome sind untergegangen, das dritte Rom aber ist Moskau und ist berufen, die Welt zu beherrschen. Unser Zar als der oberste Weltherrscher muß die Weltherrschaft erreichen." Dies ist eine der ideologischen Grundlagen des russischen imperialen Messianismus, die sich später in völlig anderer Form in Lenins Thesen zur Weltrevolution wiederfinden.

Der zweite Punkt ist die Übernahme des orthodoxen Glaubens in Kirchenslawisch, übermittelt durch Kyrill und Method. Dieser altmazedonische Dialekt überliefert außer ein paar Sagen und Märchen so gut wie überhaupt keine Literatur. Während durch Griechisch und Latein im übrigen Europa die Christianisierung unter Bonifatius und den Karolingern, später durch die Klosterschulen des Mittelalters die ganze Welt der Antike, die griechische Philosophie, den römischen Ordo und das römische Recht brachte, blieb das alles der orthodoxen Welt völlig verschlossen. Auch die gesamte abendländische Theologie, etwa Thomas von Aquin, Albertus Magnus oder die gesamte spätere Apologetik: das alles hat seine Wurzel in dieser griechischen Philosophie. Das ist etwas, was sich in Rußland nie entwickelt hat.

Dazu kommt noch eine dritte entscheidende Sache, die meist im Westen vergessen wird. Immerhin war Rußland ein Viertel Jahrtausend von Mongolen beherrscht. Das war zwar keine flächendeckende Okkupation, aber immerhin hat das vieles geprägt. Ich behaupte nach wie vor, daß ganz entscheidende Dinge von dieser Mentalität und aus dieser historischen Erfahrung herrühren, nämlich zum Beispiel das, was der KGB die "strategische Desinformation" nennt, also die groß angelegte strategische Täuschung des politischen Gegners. Botho Kirsch hat ein Wort von Lenin erwähnt: "Wenn du etwas fangen willst, so mußt du es zuerst loslassen." Das ist eines der 36 Strategeme der chinesischen Strategie, das auf die Zeit des wohl größten Strategen der Weltgeschichte Sun Zu, der etwa 500 v. Chr. in China lebte, zurückgeht. Von Tan Daoji gab es dann im 5. Jahrhundert n. Chr. das älteste erhaltene Buch über diese Strategeme, und sie sind bis heute bei den Chinesen bekannt und im Volk lebendig, etwa "Mit dem Messer eines anderen töten". Nach wie vor dienen die Strategeme als Unterrichtsgrundlage in den KGB-Hochschulen in Rußland. Die weitgehend von China übernommene Täuschungsstrategie der Mongolen ist übergegangen in die berühmte russische 'Maskirowka', die militärische Täuschungsstrategie, wofür es eine eigene Abteilung im russischen Verteidigungsministerium gibt.

Nach diesem kleinen Exkurs zurück zur Ausgangsfrage: Wo endet Europa? Um es vorweg zu sagen: Ich habe mich immer für eine europäische Einigung eingesetzt. Das kann nicht in einem Schritt gehen, das muß langsam gehen. Das muß wachsen, da muß sich auch vieles gegenseitig anpassen. Ich habe immer gesagt, daß wir ein Europa von Brest bis Brest brauchen, von Brest in der Bretagne bis Brest-Litowsk an der polnischen Ostgrenze. Deswegen müssen wir bestimmt keine Konfrontationshaltung gegenüber Rußland einnehmen. Aber wir müssen wissen, daß Rußland einfach zu groß ist, zu anders ist, zu abweichende Interessen hat, als daß wir dieses Rußland in ein gemeinsames europäisches Haus, in die europäische Union oder gar in die NATO aufnehmen könnten.

Alle, die vor wenigen Jahren gejubelt hatten, als Gorbi, der große Friedensfürst, kam und nach ihm Jelzin, haben sich geirrt. Ich habe 1989 ein Buch über Gorbatschow veröffentlicht, "Die Doppelfalle". Das Motiv entstammt einem alten Jagdstich aus der Barockzeit: eine Kastenfalle, die an beiden Seiten aufgeht. Damals habe ich gesagt, Gorbatschow macht eine Falle für den Westen auf, aber sie öffnet sich an der anderen Seite auch für ihn, und ich habe bei einer unserer Strategietagungen in Wildbad Kreuth meinen Kollegen der CSU-Landesgruppe im Jahre 1988 oder Anfang 1989 gesagt: "Meine lieben Freunde, Gorbatschow ist schon gescheitert." Das hat mir keiner geglaubt, aber ich möchte heute behaupten, daß Jelzin mutatis mutandis ebenso eine Übergangsfigur ist wie Gorbatschow.

Was kann man außenpolitisch oder politisch überhaupt von Rußland erwarten? Leider muß man sagen, daß Rußland unvorhersehbar und unberechenbar ist. Niemand weiß, wer da wirklich kommen wird. Erinnern Sie sich noch, als die großen Illusionen begannen? Da hat Mitterrand in Paris eine große KSZE-Konferenz veranstaltet und gesagt: "Das ist wie der Wiener Kongreß, eine grundlegende Änderung der Weltpolitik." Ein Berater des amerikanischen Präsidenten im State Departement, Francis Fukuyama, hat erst einen Artikel, dann ein ganzes Buch geschrieben. Es ist auch ins Deutsche übersetzt worden: "The End of History" – "Das Ende der Geschichte". Deutsche haben dann mit deutscher Gründlichkeit Artikel darüber geschrieben, ob er wohl damit Hegels Gedanken meine und nachvollziehe. Es gibt kein "End of History", sondern die Geschichte ist leider Gottes sehr viel komplizierter, sehr viel gefährlicher, sehr viel unberechenbarer geworden, weil sie aus gewissen Schemata ausgebrochen ist, die es gegeben hat. Um so wichtiger ist es, daß wir uns mit unseren Nachbarn vertragen, daß wir versuchen, dieses freie Europa zu konsolidieren und aufzubauen. Ich behaupte nach wie vor: die russische Politik hat ein Primat, das ist die Außenpolitik. Die eigentliche Macht ist nach wie vor der KGB, und eine große Gefahr ist natürlich auch das moralische Vakuum. In Rußland ist dies noch viel evidenter und manifestiert sich in unendlich viel mehr einzelnen Phänomenen als im Westen, wo es natürlich auch dieses Problem gibt.

Der Kommunismus ist aber leider nicht tot. Er lebt weiter. Wir müssen zumindestens die Augen aufhalten und die Ohren gespitzt. Es ist vielleicht nicht mehr die Linie Marx-Lenin-Stalin-Breschnew, sondern es ist mehr die Linie Marx-Lenin-Gramsci-Gorbatschow. Gramsci ist in Deutschland leider fast unbekannt, wohl einer der genialsten kommunistischen Ideologen dieses Jahrhunderts, der unter Mussolini eingesperrt war und damals seine "Lettere di carcere" geschrieben hat. Er hat gegen Togliatti, gegen den KP-Chef Italiens, rebelliert und gesagt: "Was ihr da macht, ist ein völliger Blödsinn." Togliatti war ein reiner Stalinanhänger. "Mit so einem Primitiv-Kommunismus, den die in Rußland praktizieren – Genickschüssen, Halsabschneiden, Kulakenlegen – da kann man keinen Menschen hinter dem Ofen weglocken in einem zivilisierten Land in Europa. Wir müssen stattdessen den 'ideologischen Überbau', um mit Marx zu sprechen, füllen. Wir müssen die Ideen der christlichen Moral, der Transzendenz aushöhlen und müssen sie füllen mit unseren sozialistischen Gedanken. Und dann müssen wir verkünden: Dies ist im Interesse der Menschheit." Lesen Sie mal die Reden von Gorbatschow etwa in Oslo bei der Übergabe des Friedensnobelpreises oder vor den Vereinten Nationen. Man muß also auf der Hut sein. Ich sage nicht, daß die Russen sich durchsetzen werden mit ihrer Strategie, aber wir müssen wissen, daß es diese Gramsci-Strategie gibt und daß wir die Augen offenhalten müssen.

Ich fürchte, die Entwicklung in Rußland geht eher vom Sozialismus hin zu einem National-Sozialismus – und das sind feindliche Brüder, Rivalen, nie Gegensätze gewesen. Daß die Nazis eine extrem rechte Partei sein sollen, nur weil sie im Reichstag in Berlin rechts saßen – die haben mit Konservativen, die normalerweise rechts sitzen, überhaupt nichts zu tun. Die sind Rivalen gewesen so wie die Trotzkisten. Stalin hat Trotzki mit einem Eispickel erschlagen lassen und die Trotzkisten umgebracht oder in Lager gesteckt. Das sind doch dieselben Brüder. Ich war an dem traurigen fünfzigsten Jahrestag des Hitler-Stalin-Paktes am 23. August 1989 in Riga. Ich war eingeladen von der Lettischen Freiheitsbewegung und habe in Riga gesprochen zu diesem fünfzigsten Jahrestag des Hitler-Stalin-Paktes, durch den von den International-Sozialisten und den National-Sozialisten das Tor zum Zweiten Weltkrieg aufgestoßen wurde.

Dies war eines der größten Verbrechen des Jahrhunderts. Da wurde Polen geteilt. Die Balten wurden verkauft an die Sowjetunion. Das ist auch im deutschen Namen geschehen. Ich habe dort gesagt: "Ich schäme mich dafür, ich entschuldige mich dafür. Aber weder ich noch jemand meiner deutschen Landsleute wußte etwas davon, denn das war ein geheimes Zusatzabkommen zum Hitler-Stalin-Pakt, was ja erst nach 1945 überhaupt während des Nürnberger Prozesses an die Öffentlichkeit kam, und die Sowjets haben es bis vor wenigen Jahren noch geleugnet."

Neulich habe ich einen russischen Professor – Mitglied der Akademie der Wissenschaften, den ich schon aus Moskau kenne – gefragt: "Wie wird das denn weitergehen in Rußland?" Er war ähnlicher Meinung wie ich und sagte: "Wer der nächste sein wird, das kann ich Ihnen schon sagen. Der Nachfolger Jelzins heißt Adolf Wolfowitsch Pinotschetow." Damit hat er gewissermaßen das ganze Spektrum von einer mehr benevolenten Diktatur à la Pinochet über einen verbrecherischen Ideologen wie Hitler hin zu Schirinowski dargestellt.

Wir müssen sehen, daß wir nicht wieder in der Mitte Europas nach Bismarckschem Vorbild einen gepanzerten Nationalstaat errichten. Sie wissen, der große Kontrahent von Bismarck war der bedeutende Föderalist Konstantin Frantz, übrigens ein protestantischer Norddeutscher, nicht ein föderalistischer Rheinländer. Er hat gesagt, daß die

Zerstörung des Bismarckstaates schon in der Wurzel angelegt sei. Wir müssen ein Land in der Mitte Europas haben, das offen zu seinen Nachbarn ist und wo sich die Bewohner der Grenzregionen kennen. Viele Probleme des Ersten Weltkrieges, etwa die Elsaß- und Eupen-Malmédy-Frage, haben wir im europäischen Geiste schon längst gelöst, ja sogar vergessen. Und das ist das Beste, was man sagen kann. Das müssen wir versuchen, ohne etwas zuzudecken, ohne etwas Falsches zu sagen, ohne falsche Einseitigkeit der einen oder der anderen Seite. Aber das müssen wir eben auch gegenüber unseren östlichen Nachbarn versuchen. Ich weiß, wie schwer das ist. Ich habe in Prag an der Universität gesprochen, ich habe es in Brünn getan, ich habe in Krakau gesprochen, und es war nicht immer leicht. Auch die Diskussionen waren nicht immer leicht. Daß wir heute hier in diesem Kreis zusammensitzen, daß Sie, Dr. Hajnicz, so haben sprechen können und Sie alle so haben zuhören können, und daß wir eigentlich versuchen bei allem, was manche trennt in ihrer Auffassung, in ihrer Geschichte, in ihrer Tradition, in ihrem Geiste, daß wir versuchen, in die Zukunft zu schauen, um zu erkennen, daß wir für unsere Kinder und für unsere Kindeskinder ein Europa des Friedens und der gemeinsamen Werte bauen. Daß wir die Menschenrechte als eine der Grundlagen dieses freien Europa sehen. Daß wir das machen müssen, was der Bundespräsident vor kurzem gesagt hat: Wir müssen die Geschichte Europas neu schreiben in einem gemeinsamen Geist, nicht mit pingeligen und falschen Schulbuchempfehlungen, sondern wirklich mit dem Ziel der Verständigung – wo man auch nichts ausklammert, was der eine oder der andere an Schlimmem getan hat. Auch das Recht auf die Heimat und die Niederlassungsfreiheit gehören zu den Selbstverständlichkeiten in der Europäischen Union; Freizügigkeit für Menschen, für soziale Sicherheit, für Informationen, aber auch für Kapitalanlagen, für die Berufsausübung, für Arbeitsverträge und all das, was wir in der Europäischen Union haben, das müssen wir weiter voranbringen.

Lassen Sie mich noch eine Bemerkung machen, die mir am Herzen liegt. Ich bin voll mit Ihnen, Herr Dr. Hajnicz, einverstanden bei der Bewertung der Westverschiebung Polens, und wir dürfen nicht vergessen, daß das natürlich ein russisches Ziel war. Damit sollte ewige Feindschaft zwischen Deutschen und Polen gesät werden. Wir müssen auch sehen, daß es in Deutschland und auch in Polen nicht nur eine Tradition des Gegeneinander gegeben hat, sondern auch eine Tradition des Verständnisses und des Füreinander. Erinnern möchte ich nur an die Polenbegeisterung des vorigen Jahrhunderts und an das Hambacher Fest. Dazu noch zwei abschließende Gedanken: Auf den polnischen Fahnen von Kosciuszko stand: "Für eure und unsere Freiheit!" Ich finde das ein bewegendes Motto, und zwar "Eure" zuerst und dann "Unsere". In diesem Geist von 1795 sollten wir zusammenarbeiten. Schließlich noch einmal zu den Grenzen und Grundlagen Europas. Ich möchte sagen, daß Europa auf drei Hügeln gebaut ist, Golgatha, Akropolis und Capitol. Diese haben uns die Werte gegeben, die gemeinsam sind, nämlich die Transzendenz, den Glauben, das Humanum der griechischen Philosophie, der griechischen Kunst und den Ordo der Römer. Das ist uns Europäern gemeinsam, und daran sollten wir auch einmal über die Tagespolitik hinaus denken, damit wir das erreichen, was für uns alle bei allen Gegensätzen, bei allen Schwierigkeiten und bei allen Verkrustungen der Vergangenheit das Wichtigste ist, damit wir eine gemeinsame Zukunft in Freiheit schaffen.

**Alexander Uschakow**

# Von der Konfrontation zur Kooperation: Neue Sicherheitsarchitektur in Europa

## Vorwort

Als Datum für das zeitliche Ende des Kalten Krieges nach dem Zusammenbruch des Kommunismus vom Herbst 1989 werden unterschiedliche Entscheidungen oder Ereignisse genannt. Nach einer langen Phase der Konfrontation zwischen zwei Mächteblökken sind neue sicherheitspolitische Konzepte für Europa schon wegen der wechselseitigen Abhängigkeit von Staaten notwendig geworden. Das utopische Ideal einer gewaltlosen Gesellschaft gehört den Optimisten und der Zukunft. Nimmt man jedoch die Existenz von nationalen Einheiten als soziale Wirklichkeit zum Ausgangspunkt der Betrachtung, so ist deren gewachsene Interdependenz die einzige vernünftige Aussage nach dem Zerfall der kommunistischen Gesellschafts- und Staatsregime. Interdependenz und internationale Sicherheit gehören zueinander wie zwei Seiten derselben Medaille. Der Zusammenhang ist nicht neu, begleitet vielmehr die Evolution in Europa seit Mitte der sechziger Jahre (Harmel-Bericht von 1967). In jener Zeit gab es einfache Strukturen der Sicherheit. Im atlantischen Raum garantierten die USA mit ihrer militärischen und wirtschaftlichen Macht, daß die Sowjetunion allein oder mit einem ihrer Instrumente (Allianzen) nicht Westeuropa überrennt. Das war die Ausgangslage nach dem Zweiten Weltkrieg, als die Konfrontation sichtbare Anzeichen in den Jahren 1946/47 annahm.

Das atlantische Bündnis hat allein durch seine Existenz einen Dritten Weltkrieg auf europäischem Boden verhindert. Vierzig Jahre hielt es im buchstäblichen Sinne "Wache" an der Sicherheitsfront, ohne in eine militärische Auseinandersetzung mit der Sowjetunion bzw. dem Warschauer Pakt zu geraten. Es klingt paradox, aber die bipolare Welt war stabiler als in der gegenwärtigen Phase nach dem Umbruch. An die Stelle eines militärischen Angriffs auf zwischenstaatlicher Ebene treten jetzt Gefahren anderer Art, aus der inneren Entwicklung von Gesellschaften, die sich nach dem Zerfall des Kommunismus auf der Grundlage der proklamierten Demokratie, der Rechtsstaatlichkeit und einer freien Marktwirtschaft formieren wollen. Sie kumulieren und stellen das bisherige System der Kriegsverhütung vor ganz neue Aufgaben. Ein Nachdenken darüber, was da eigentlich geschah, und was in Zukunft zu erwarten ist, tut not.

Eine recht eigenwillige Erklärung, die sich allerdings rational nicht nachvollziehen läßt, gab nach der Revolution von 1989 ein hoher Beamter des State Department in den USA: man möge die bisherige Geschichte vergessen, denn sie sei insgesamt genauso zu Ende gegangen wie das mißlungene Experiment des Kommunismus.

US-Außenminister Baker bezeichnete den Zeitpunkt der Aufhebung der Sonderrechte der Vier Alliierten in Deutschland am 1.9.1990 als das Ende des Kalten Krieges, und publizistische Äußerungen knüpften an den 25.12.1991 an, als die Staatsfahne der

Sowjetunion vom Dach des Kremls heruntergeholt wurde und damit symbolisch den Untergang der Sowjetunion begleitete.

Die Diplomatie, die Staatenpraxis und das Völkerrecht folgen der Sprachregelung der KSZE-Konferenz von 22 Staaten aus Ost und West in Paris vom 19.11.1990, welche die "Charta von Paris" zum Sinnbild einer Versöhnung zwischen Ost und West annahm. Sie ging aus den Beschlüssen des historischen NATO-Gipfels in London gleichen Jahres hervor. Damit nahm die Transformation der atlantischen Sicherheit ihren Anfang. Im Sommer 1990 hat sich dort die Bewertung der politischen Lage schon in der Überschrift des Kommuniqués über den Wandel der Nordatlantischen Allianz[1] angedeutet. Die Mitgliedsstaaten haben vorgeschlagen, daß die vorgesehene KSZE-Konferenz in einer "Charta von Paris" (November 1990) beschließen solle, "wie die KSZE institutionalisiert werden kann, um ein Forum für den breiteren politischen Dialog in einem einigeren Europa zu sein". So enthält die "Charta von Paris" in Punkt 1 das fundamentale Bekenntnis zur Kooperation der früheren Gegner, wonach die Partner "im anbrechenden neuen Zeitalter europäischer Beziehungen nicht mehr Gegner (sein), sondern Partnerschaften aufbauen und einander die Hand zur Freundschaft reichen wollen".[2] Das Papier war mehr als eine Absichtserklärung, wie man es auf den ersten Blick aus der sprachlichen Fassung entnehmen könnte. Die Kontrahenten haben wohl keinen ungedeckten Scheck auf die Zukunft ausgestellt und in Umlauf gebracht.

Nur einige Monate später, auf der Konferenz des "World Economic Forum" in Davos am 2.2.1991, zeichnete der damalige deutsche Außenminister Genscher in einer Rede über "Eine Vision für das geeinte Europa" Konturen einer neuen Sicherheitsstrategie: man könne weiterschreiten, "ein System der kooperativen Sicherheit aufzubauen, in dem die NATO eine wichtige Funktion erfüllen wird ... Wir haben dem neuen Europa mit der Pariser Charta cinc gcsamtcuropäische Rahmenverfassung gegeben ..."[3] Kooperative Sicherheit auf der Grundlage einer "Verfassung" und zahlreicher Institutionen wurde bald zum Ansatzpunkt einer weitausgreifenden Sicherheit "von Vancouver bis Wladiwostok", die allerdings vor der Aufgabe steht, koordiniert und mit neuen Mandaten ausgestattet zu werden. Man kann also sagen, die Geographie bis zum Ural ist gegenüber einer ganzheitlichen Betrachtung von internationaler und nationaler Sicherheit in das zweite Glied zurückgetreten.

Die nur scheinbare Harmonie der Interessen von Paris hat jedoch bald einen Dämpfer durch das Problem der Behandlung Zentraleuropas und den Modus der Teilnahme

---

1 Deutscher Text im Bulletin der Bundesregierung 90/1990, 10.7.1990. Die englische und die deutsche Überschrift unterscheiden sich in der sprachlich voneinander. Der "Transformation" steht "Wandel" gegenüber. Wir reservieren "Transformation" für den inneren Wandel der postkommunistischen Staaten. Die Deklaration der NATO von London lautet "Declaration on a transformed North Atlantic Allaince", deutsch "Die Nordatlantische Allianz im Wandel". Innerstaatliche Transformation der ehemaligen kommunistischen Gesellschaften in Mittel- und Osteuropa und die Transformation der internationalen Sicherheit erscheinen in Englisch auf gleicher Stufe. In der Sache macht sie den Zusammenhang beider Ebenen deutlicher als die deutsche Übersetzung.

2 Vgl. den deutschen Text der Charta in: Bulletin der Bundesregierung, Nr.137/1990, 24.11.1990. Sie wird unterschiedlich bezeichnet, als "Gemeinsame Erklärung der ..." oder "Charta von Paris für ein neues Europa" und dergleichen.

3 Bulletin der Bundesregierung 14/1991, 6.2.1991.

Rußlands[4] am europäischen Sicherheitsnetz bekommen. Mit der Euphorie der "ersten Tage" verbindet sich heute ein gewisser Hauch von politischer Nostalgie. Genschers "Rahmenverfassung" assoziiert sich mit dem NATO-Rahmenvertrag, beide sind jedoch unter rechtlichem Aspekt grundverschieden. Ihre etwaige "Verzahnung" würde die Frage nach der Trennlinie zwischen der kollektiven Verteidigung der NATO und der kollektiven Sicherheit der KSZE-Architektur aufwerfen, ganz zu schweigen von einer Definition des Gefahrenobjekts. Kooperative Sicherheit und eine Gesamtverfassung hat man zu dem zugkräftigen Schlagwort "Sicherheitsarchitektur" zusammengezogen, die an das gemeinsame "europäische Haus" Gorbatschows erinnert. Die Formulierung gibt bildhaft die Richtung der europäischen Politik seit dem Untergang des Kommunismus wieder.

In der Tat werden die Zwischenwände des sogenannten europäischen Hauses dünner, brüchiger und durchlässiger. Es hängt mit der Interdependenz europäischer Staaten zusammen, auf die der 3. Punkt der Charta von Paris abstellt: Die Staaten erkennen an, "daß Sicherheit unteilbar ist und daß die Sicherheit eines jeden ihrer Länder untrennbar mit der Sicherheit aller KSZE-Teilnehmerstaaten verbunden ist". Eine solche Formulierung war schon Ausgangspunkt für Ideen der kollektiven Sicherheit nach dem Ersten, aber besonders nach dem Zweiten Weltkrieg gewesen. Aber der Teufel steckt bekanntlich im rechtlichen Detail oder, wie ein chinesisches Sprichwort sagt, eher stolpert man über einen Stein als über den Berg.

Hinter solchen sprachlichen Meisterstücken steckt ein kompliziertes Problem. Es zeigt sich, daß die alte Terminologie der Sicherheitsmaterie allmählich fragwürdig geworden ist. Man kann "europäische politische Architektur" und "europäische Sicherheitsarchitektur" in einem organischen Zusammenhang sehen. Beide verschmelzen "zu einem stabilen Gesamtrahmen für den Frieden, in dem ein militärischer Konflikt ein zunehmend unwahrscheinlicher, hypothetischer Fall wird"[5].

## Rückkehr der Geschichte nach Europa

Die monolithische Einheit in Mittel- und Osteuropa ist dahin, aber wie ist die plurale Ordnung mit Teilnehmern zu deuten, die jeder für sich eine eigene historische und politische Individualität besitzen, wie es die NATO- und KSZE-Dokumente mit einem deutlichen Seitenhieb auf die sowjetische Doktrin des "einen sozialen Systems" (Breschnew-Doktrin) feststellen? Gorbatschow hat in einer kritischen Situation nach seinem Machtantritt von 1985 gesehen, daß dieser "Bleifuß" den Aktionsradius der sowjetischen Politik einengt. Er hat zuerst im eigenen Politbüro die Breschnew-Doktrin

---

4 Henry Kissinger sieht in der Integration Rußlands in das internationale System ein zentrales Problem der jetzt aktuellen internationalen Ordnung. Es gelte sowohl auf Moskaus Politik als auch auf ihr "Kalkül", d.h. wohl auf die künftige Entwicklung, Einfluß zu nehmen. Er meint, es werde sich als unmöglich erweisen, die verschwisterten Probleme der Sicherheit Osteuropas und der Integration Rußlands in die internationale Gemeinschaft "im Rahmen ein und desselben Programms zu lösen", vgl. H. A. Kissinger: Die Vernunft der Nationen. Über das Wesen der Außenpolitik. Berlin 1994, S. 910, 918.

5 Vgl. hierzu H. Wegener: Die Nordatlantische Allianz im Wandel, in: NATO-Brief, 4/1990, S. 9.

zu den verstaubten Akten gelegt, dann die weitreichende Entscheidung den anderen kommunistischen Führern in Mittel- und Südosteuropa im nächsten Jahr mitgeteilt.

Es sind dabei zwei Fragen von Bedeutung, die eng miteinander verbunden sind. Einmal konnte bisher niemand plausibel erklären, was der Sieg im Kalten Krieg für die neue Weltordnung mit sich gebracht hat. Henry Kissinger deutet ihn dahingehend, daß dieser Vorteil Amerika in eine Lage versetzte, die in vielerlei Hinsicht dem europäischen Staatensystem des 18. und 19. Jahrhunderts ähnelt. In einem System, das aus vielleicht fünf oder sechs Großmächten und einer Vielzahl kleinerer Staaten besteht, wird Ordnung aus widerstreitenden nationalen Interessen erwachsen.[6] Jürgen von Alten sieht im heutigen Zustand der sogenannten internationalen Ordnung eine Entwicklung zur Normalität.[7]

Am 21.1.1993 hat die US-Botschafterin bei den Vereinten Nationen, Madeleine Albright, vor dem Auswärtigen Ausschuß des Senats Stellung zur Situation nach dem Kalten Krieg genommen. "Wir können nicht einmal sagen", führte sie aus, "wie dieses neue Zeitalter zu bezeichnen ist, deshalb sprechen wir nur von der Zeit nach dem Kalten Krieg." Sie verglich sie mit den Jahren 1815 (Wiener Kongreß), 1918 (Pariser Friedenskonferenz) und 1945 (Jalta und Potsdam). Heute sei die Welt zwei entgegengesetzten Kräften ausgeliefert: Einerseits dem Zug zur Integration, andererseits der Teilung und Zersplitterung in der postkommunistischen Welt. Für Amerika würde sich daraus eine Spannung ergeben, weil das Land "Hüter der Selbstbestimmung" sei, zugleich jedoch eine besondere Verantwortung "für den internationalen Frieden und die Sicherheit" trage. In der Tat sprach die Botschafterin den Grundkonflikt zwischen der territorialen Integrität von Staaten und dem Prinzip der nationalen Selbstbestimmung der Völker an.[8] Gegenwärtig hat das angedeutete verfassungs- und völkerrechtliche Grunddilemma einen vorläufigen Höhepunkt der praktischen Politik in Bosnien und Tschetschenien erreicht. Es setzt ein Umdenken ein, wie das utopische Ziel einer moralisierenden Politik vom Standpunkt der immer noch national organisierten Welt aus einzuordnen wäre. Auf diesem Wege scheint die US-Administration am weitesten fortgeschritten zu sein. Vereinfacht ausgedrückt: Man beginnt, die sogenannten humanitären Interventionen unter dem Mandat der Vereinten Nationen am "wirklichen" nationalen Interesse von Staaten zu orientieren.

Strobe Talbott, Stellvertretender US-Außenminister, hat in einer Rede an der Oxford University am 20.10.1994 analog argumentiert. Das Ende des Kalten Krieges ähnele in einer Hinsicht der Phase des Übergangs nach "heißen Kriegen" aus der Vergangenheit. Aus der Niederlage entstehen neue Projekte für die Gestaltung der Politik, wie etwa im 17. Jahrhundert nach dem Ende des Dreißigjährigen Krieges mit dem Westfälischen Frieden. Nach den Napoleonischen Kriegen stellte der Wiener Kongreß das Prinzip des Gleichgewichts der Kräfte auf, und in den vergangenen 100 Jahren gab es zwei Versuche, den Frieden herbeizuführen. Nach der Katastrophe des Ersten Weltkrieges, der deb Tod einer Generation verursachte, wurde in Versailles die Chance zu einem dauerhaften Frieden verspielt. Die USA trugen zum Scheitern der Versailler Ordnung dadurch bei, daß sie sich von Europa zurückzogen. Im Gefolge des Zweiten Weltkrieges hat es zwar

---

6 Kissinger (wie Anm. 4), S. 895.

7 J. von Alten: Die ganz normale Anarchie. Jetzt beginnt die Nachkriegszeit. Berlin 1994.

8 Vgl. den Text ihres Vortrags in: US-Informationsdienst, 4/1993, 27.1.1993.

eine Verbesserung mit der kollektiven Sicherheit der Vereinten Nationen gegeben, doch Frieden ist nicht eingekehrt. Talbott kommentiert es sarkastisch: Clausewitz könnte es so gesagt haben: "Mit dem Ende des Zweiten Weltkriegs wurde die internationale Politik nahezu ein halbes Jahrhundert lang zur Kriegführung mit anderen Mitteln." Er meint, daß die früheren Kriege um Land und Macht geführt wurden. Dies galt jedoch nicht für den sogenannten Kalten Krieg; in ihm ging es um das Konzept der Organisation des politischen und wirtschaftlichen Lebens von Einzelpersonen, einzelnen Staaten und dem Planeten als Ganzes.[9]

Mit dem historischen Rückgriff auf das Sicherheitsproblem Europas verbindet sich eine Schlußfolgerung der US-Administration, daß Amerika nach dem Wegfall des ideologischen Gegners die Chance nutzen soll, den dritten Anlauf zu einem europäischen Frieden erfolgreich zu Ende zu führen. Die führende Rolle der USA ist somit der erste strategische Grundsatz der amerikanischen Politik. Institutionell wird sie durch die NATO abgesichert, da sowohl die amerikanische Administration als auch europäische Regierungen an der Preisgabe dieses Instruments nicht interessiert sind. Sie soll sich an friedenschaffenden Aktionen der KSZE/OSZE beteiligen, jedoch weiterhin in ihrer Eigenschaft als Organisation der kollektiven Verteidigung nach Kap. VI und VII der UN-Charta, nicht wie die KSZE/OSZE nach Kap. VIII über regionale Organisationen der kollektiven Sicherheit. Das Neue an dem Konzept ist also, daß Staaten einer Allianz der kollektiven Verteidigung an Aktionen einer Organisation der kollektiven Sicherheit teilnehmen können. Da die OSZE kein Ersatz für die NATO ist, wird sie durch unterstützende Maßnahmen der NATO nicht in eine Organisation zur kollektiven Verteidigung umgewandelt, und dies schon wegen der Mitgliedschaft Rußlands in der OSZE.

Am 2.6.1993 hat es der US-Außenminister Warren Christopher deutlich ausgesprochen: Es gebe Unterschiede zwischen der Situation nach den beiden Weltkriegen und heute, doch es bestünden auch wichtige Parallelen. Präsident Clinton sei entschlossen, "die Herausforderung einer Führungsrolle anzunehmen, um das globale Gleichgewicht zugunsten der Freiheit zu verschieben". Warren sagte, daß die Staatsform der Demokratie in Osteuropa die beste Sicherheitsgarantie für die USA sei. Die Einführung der Demokratie in den postkommunistischen Staaten sei ein Aspekt der Führung der USA im Weltmaßstab[10], weil deren demokratische Einrichtungen den Übergang ehemaliger totalitärer Regime zu modernen Staaten begleiten. Vor seiner Abreise nach Vancouver zum Treffen mit Jelzin hat Clinton am 1.4.1993 eine politische Grundsatzrede gehalten. Der Zusammenbruch der Sowjetunion habe die internationale Ordnung für immer verändert. Während des Kalten Krieges habe sich die Politik der USA hauptsächlich auf die Beziehungen zwischen den Staaten konzentriert, um den Frieden zu erhalten. Dann wies er auf den Kernpunkt der Strategie in der postkommunistischen Zeit hin: "Heute muß sich unsere Politik auch auf die Beziehungen innerhalb des Staates konzentrieren, auf die Regierungsform eines Landes, auf seine wirtschaftliche Struktur, auf seine ethnische Toleranz".[11] Im Januar 1995 trat der US-Präsident den Anhängern des Isolationismus

---

9 Seinen Vortrag betitelte Talbott mit: "Die neue Geopolitik: Verteidigung der Freiheit in der Zeit nach dem Kalten Krieg." Vgl. den Text der Rede in: US-Informationsdienst, 42/1994, 26.10.1994.

10 US-Informationsdienst, Bonn, 22/1993, 2.6.1993.

11 US-Informationsdienst, Bonn, 14/1993, 7.4.1993. In dieser Rede sagte der US-Präsident, daß das Kernstück der Entwicklung in Osteuropa Rußland sei. Sein Aufstieg als demokratischer Staat, das innerhalb

deutlich entgegen, als er sagte: Das Schicksal sei abhängig von ihrer weiteren Führungsrolle in der Welt beim Streben nach Frieden, Freiheit und Demokratie: "Wir können nicht stark im Inland sein, wenn wir nicht im Ausland stark sind".[12] Warren Christopher erinnerte am 20.1.1995 an den Ersten und Zweiten Weltkrieg. Damals wie heute stünden zwei Wege offen: den Sieg mitnehmen und sich zurückziehen oder "eine Führungsrolle zu übernehmen", und das Gebiet der amerikanischen Führungsrolle sei das erste Prinzip der amerikanischen Strategie. Sie sei die wichtigste Lektion dieses Jahrhunderts. Dann fügte er hinzu: "Die Beziehungen zu Rußland sind für die Sicherheit Amerikas von zentraler Bedeutung".[13] Amerikanische Politiker wiesen aber auch wiederholt auf einen anderen Aspekt hin, nämlich, daß die Anwesenheit von 100 000 Soldaten in Europa mögliche Konflikte innerhalb der westeuropäischen Staaten neutralisieren würde. Also nicht nur Osteuropa ist eine potentielle Keimzelle von Turbulenzen, sondern auch ein solch integrierter Raum wie Westeuropa. Es geht um die Auslegung des Art. 1 des NATO-Vertrages, ob die Vorschrift dieselbe Bedeutung nach außen wie nach innen besitze, d.h. um ihre Qualifikation als kollektive Verteidigung oder/und kollektive Sicherheit. In dieser Hinsicht hat das Urteil des Bundesverfassungsgerichts zu den Einsätzen der Bundeswehr "out of area" noch einige Fragen offen gelassen.

## Probleme organisierter Friedenssicherung

Es gibt keine organisierte Gemeinschaft, die ohne eine Ordnung bestehen kann. Jede Gemeinschaft gründet sich auf eine Verfassung, im materiellen, nicht formellen Sinn. Es handelt sich um diejenigen Normen, durch die die Organe eingesetzt und ihre Kompetenzen umschrieben werden. Verfassung ist hier ein allgemeiner Rechtsbegriff und nicht nur ein solcher des Staatsrechts.[14] Hier geht es nicht darum, in welcher Form diese Grundordnung niedergelegt wird, sondern um die Begründung einer Kompetenz für Normen des Verhaltens nach innen und außen. Es muß eine Instanz geben, die bestimmt, welche Regeln anzuwenden und zu vollziehen sind. Die Verfassung enthält Vorschriften über die Organe (den "Apparat"), durch die die Regeln des Verhaltens verwirklicht werden.[15] Im Staat sind es die Exekutive mit Regierung und Ministerien an der Spitze, in internationalen Organisationen deren Organe. Der "Apparat" wirkt jedoch nicht schon kraft des ihm zugewiesenen Bereichs, sondern aufgrund der ihm durch das Organisationsstatut (Verfassung) zugewiesenen Befugnisse. Dieses Verhältnis tritt heute offen

---

seiner Grenzen zufriedengestellt wäre und an friedfertige Demokratien grenze, könnte auf amerikanische Zustimmung rechnen. Die USA müßten ein strategisches Bündnis mit den russischen Reformern eingehen.

12 Text der Rede in US-Informationsdienst, Bonn 4/1995, 26. 1. 1995.

13 Ebenda.

14 Zu Beginn der europäischen Einigung nach 1945 hat die Wissenschaft über die theoretische Seite neuer Integrationen und Organisationen lebhaft diskutiert. Es ging auch darum, das Phänomen der Souveränitätsübertragung und die Methode des Zusammenschlusses zu klären. Zu Ende ist der Streit der sogenannten Institutionalisten und Funktionalisten. Die ersten wollten die europäische Einigung durch den Ausbau der Organisation selbst vorantreiben, die anderen durch eine Anhäufung von "Funktionen" auf einzelnen Gebieten. Hierzu vgl. das Grundwerk von R.L. Schindler: Rechtsfragen der europäischen Einigung, Basel 1954.

15 Vgl. hierzu W. Burckhardt: Die Organisation der Rechtsgemeinschaft, 2. Aufl., Zürich 1944 (Nachdruck 1971), S.123-142.

in den friedenssichernden Maßnahmen der Völkergemeinschaft in Bosnien zutage. Von Politikern und Wissenschaftlern wurde Kritik an den Vereinten Nationen zum einen wegen "überzogener" Befugnisse des Generalsekretärs der UNO, zum anderen wegen mangelhafter Grundlagen bezüglich friedensschaffender Einsätze für die Blauhelme geübt. Christian Tomuschat schreibt, daß die Charta den Anspruch erhebe, notfalls mit militärischen Mitteln in die inneren Verhältnisse ihrer Mitgliedsländer eingreifen zu dürfen, womit die Vereinten Nationen einen entscheidenden Schritt voran zur Weltregierung getan hätten. Doch Anspruch und Wirklichkeit klafften indes weit auseinander. Die Vereinten Nationen "haben sich bisher nicht zu einem eigenständigen politischen System der Organisation der vielbeschworenen internationalen Gemeinschaft entwickeln können". Die UNO-Charta habe die Rechtsgrundlage bei einem Friedensbruch oder einer Bedrohung des Friedens für nichtmilitärische Sanktionen (Art. 41) oder für militärische Maßnahmen (Art. 42) gesetzt. Keine Bestimmungen gebe es aber in der Charta für Aktionen nach dem Ende eines bewaffneten Konflikts, bemerkt der Autor.[16] Mit anderen Worten: Die weitere Gestaltung dieses "erzwungenen" Friedens überläßt das Recht der Vereinten Nationen der Einsicht der streitenden Parteien selbst. Es fehlen also auf dem Gebiet der Kriegsverhütung Verhaltensregeln nach erfolgreicher Schlichtung des Konflikts.

Der Ständige Vertreter der USA im Nordatlantikrat, Robert E. Hunter, hat einen Beitrag über die Erweiterung der NATO auf Mitteleuropa mit dem Satz begonnen, daß Europa ein neues Sicherheitsexperiment eingeleitet habe. In seinem Mittelpunkt stünde die Ausbreitung des Friedens auch auf den Osten. Diese einmalige Aufgabe einer umfassenden Sicherheitsarchitektur trügen drei Institutionen: Die OSZE, die als einzige alle an der Sicherheit Europas interessierten Staaten umfaßt, dann die Europäische Union und schließlich die NATO. Die NATO bilde aufgrund ihrer bisherigen Qualität "den Grundstein der neuen europäischen Sicherheitsarchitektur"[17]. Nicht von einem Experiment, wohl aber von einem Wagnis der eingeleiteten kooperativen Sicherheit in Europa, was sinngemäß dasselbe meint, sprach Bundeskanzler Kohl auf der KSZE-Konferenz im Dezember 1994 in Budapest. In dieser Zeit des Übergangs könne niemand den Anspruch erheben, "ein perfektes Modell für die künftige europäische Sicherheitsordnung zu haben"[18].

Nun könnte der Eindruck entstehen, die neue Konzeption der Sicherheit sei plötzlich, ohne gewissen Vorlauf in der Zeit der Konfrontation, ohne Kontinuität nach dem großen Umbruch im Herbst 1989 enstanden. Das trifft in dieser Schärfe nicht zu. Der lange Weg der NATO in die Vision einer Partnerschaft mit den ehemaligen Gegnern durchlief mehrere Stadien.

Bereits nach dem Tode Stalins hat sich die Lage im Vergleich zur Zeit der Gründung der Allianz im Jahre 1949 verändert. In der kommunistischen Sprachregelung wurde sie als das Ende des sogenannten Personenkults und – etwas kritischer – als "Entstalinisierung" bezeichnet. Es wurden in der Mitte der fünfziger Jahre mehrere sogenannte Ost-West-

---

16 Chr. Tomuschat: Ein neues Modell der Friedenssicherung tut not. Blauhelmeinsätze der zweiten Generation, in: Europa-Archiv 24/1994, S. 680, 684.

17 NATO-Brief, 3/1995.

18 Bulletin der Bundesregierung, 120/1994, 23.12.1994.

Konferenzen nach Genf einberufen. Im Kommuniqué von 1955 wurde eine vorsichtige Entspannung im Kalten Krieg gefordert. Das Wort Entspannung erschien im Kommuniqué der NATO-Ministertagung im Mai 1956.

Es war zwar immer noch eine Periode der Gegensätze, aber man sprach miteinander, es war ein Wandel im Ton zu verzeichnen, und der Eiserne Vorhang wurde durchlässiger. Es begann die Zeit der sogenannten pragmatischen Entspannung. Eine größere Bewegung in die erstarrten Fronten während der Konfrontation der sogenannten Systeme kam nach der Kuba-Krise von 1962. Es zeichnete sich eine partielle Interessenkongruenz zwischen den beiden Staatengruppen in Ost und West ab.

In einer Grundsatzrede vom 10.6.1963 über die Friedensstrategie hat der damalige US-Präsident Kennedy die Umrisse der neuen Konzeption entwickelt. Außer einer allgemeinen Klimaverbesserung in den Ost-West-Beziehungen schlug er Teilabsprachen über Test-Stop, Nichtverbreitung von Kernwaffen, Heißen Draht, Salt I-Abkommen, Weltraum- und Meeresboden-Vertrag sowie Maßnahmen gegen Überraschungsangriffe vor.[19] Von da an dachte die NATO über die Ursachen der Spannungen nach und bemühte sich, sie zu formulieren und abzubauen. Immer wieder wurden Anzeichen der Entspannung durch Aufstände oder kriegerische Konflikte unterbrochen, so durch die sowjetische Intervention in Ungarn und Polen 1956, die Krise um den Suez-Kanal gleichen Jahres, die Prager Ereignisse von 1968 und andere Konflikte.

## Der Harmel-Bericht von 1967

Das Schicksal des atlantischen Bündnisses stand 1969 auf dem Spiel, als General de Gaulle beschlossen hatte, Frankreich aus der militärischen Integration der NATO zurückzuziehen. Seinen Vorstoß gründete er auf Art. 13 des NATO-Vertrages von 1949, wonach jedes Mitglied nach 20-jähriger Geltungsdauer aus der Allianz ausscheiden darf. Durch Gespräche und Analysen sollte erkundet werden, wie das Bündnis nach dem französischen Schritt zu gestalten wäre. Nach gründlichen Vorarbeiten legte der damalige belgische Außenminister, Pierre Harmel, am 14.12.1967 das Ergebnis seiner Bemühungen in dem Dokument über "Die künftigen Aufgaben der Allianz" vor, nach ihm als Harmel-Bericht[20] bezeichnet. Die erste Ministertagung im neuen Brüsseler Hauptquartier verabschiedete die neue Strategie einstimmig.

Dem Bericht zufolge hatte das Bündnis zwei Funktionen, die sich gegenseitig ergänzten. Die erste bestand darin, eine ausreichende militärische Stärke aufrechtzuerhalten, um das Gebiet der Mitglieder zu verteidigen, falls es zu einem bewaffneten Überfall kommen sollte. Die zweite Aufgabe war politischer Natur: der Versuch zu einem konstruktiven Dialog mit dem Warschauer Pakt. Es gab aber im Bericht eine neue, dritte Dimension, und zwar das Prinzip der Solidarität. Damit war die delikate Frage der Behandlung

---

19 Vgl. W. Grewe: Kräfteverhältnis und Strategien der Supermächte im heutigen System der Weltpolitik. Moderne Welt (1983), jetzt in: ders.: Machtprojektionen und Rechtsschranken, Baden-Baden 1991, S. 617.

20 Text des Berichts in: Das Atlantische Bündnis 1949-1989. Tatsachen und Dokumente, 7. Aufl. Brüssel 990, S. 432-434.

der Konflikte außerhalb des Bündnisses berührt;[21] zugleich war es die Konsequenz aus der Erkenntnis, daß die Welt interdependenter geworden ist. Hier ahnten die Schöpfer des Harmel-Berichts noch nichts von ethnischen Säuberungen, nationalen Explosionen oder terroristischen Anschlägen, vor allem nichts vom Ende des gefährlichen Gegners in Moskau selbst. In Punkt 15 des Papiers hieß es: Das Gebiet des Vertrages kann nicht getrennt von der übrigen Welt behandelt werden. Krisen und Konflikte, die außerhalb des Vertragsgebietes entstehen, können seine Sicherheit entweder direkt oder durch Änderung des globalen Kräftegleichgewichts beeinträchtigen. Die Allianz sollte konstruktiv eingesetzt werden, um grundlegende politische Fragen zu lösen, aber sich auch über Krisen außerhalb der vertraglichen Reichweite konsultieren. Die griffige Formel lautete in der Fassung eines Berichts des NATO-Rates vom 31.3.1984 unmißverständlich: Die beste Politik, um die Sicherheit der Bündnispartner zu gewährleisten, bestünde darin, ausreichende militärische Stärke und politische Solidarität zu wahren und auf dieser Grundlage durch Dialog und Kooperation ein stabiles Verhältnis zwischen den Staaten in Ost und West anzustreben.

Ein Passus im Harmel-Bericht wurde später zum Ausgangspunkt einer Aufwertung der politischen Dimension. Das war der Hinweis auf die Bedeutung der Stabilität: Die kollektive Verteidigung sei ein stabilisierender Faktor in der Weltpolitik.[22] Weiter waren die Mitglieder der NATO im Harmel-Bericht der Meinung, daß keine grundlegenden Neuerungen notwendig seien.[23] Dieser Zug zur Kontinuität der Hauptaufgaben der Allianz bei vorsichtiger Anpassung an politische Realitäten setzte sich bis zur Gegenwart fort.

Im Harmel-Bericht wurde die sowjetische Politik der friedlichen Koexistenz angesprochen und zurückgewiesen. Zwar habe die Doktrin der "friedlichen Koexistenz" den Charakter der Konfrontation mit dem Westen verändert, nicht dagegen die grundsätzliche Problematik. Die nur angedeutete "Problematik" beruhte auf der kommunistischen These vom Vorrang des Klassenkampfes in den internationalen Beziehungen und der sich daraus ergebenden "friedlichen Koexistenz". Ihre Ablehnung im Harmel-Bericht hatte einen ernsten, realen Hintergrund darin, daß der militärische Faktor der NATO einen gewissen Widerspruch zur politischen Kooperation enthielt. Doch schließlich gab es keine plausible Antwort darauf, man mußte es hinnehmen, um überhaupt zur Fortsetzung der Entspannung unter veränderten politischen Rahmenbedingungen zu kommen. Ein System der kollektiven Sicherheit auf der Grundlage der Charta der Vereinten Nationen war im Grunde nicht möglich. Relikte des Problems stecken noch immer in der neuen NATO-Strategie und im Programm "Partnerschaft für den Frieden". Die Frage

---

21 Sie ist gegenwärtig noch dringender geworden im Zusammenhang mit Konfliktverhinderung auf dem Balkan. Vgl. hierzu das Sammelwerk von J.H. Schwarz/A.A. Steinkamm (Hrsg.): Rechtliche und politische Probleme des Einsatzes der Bundeswehr "out of area" (Sicherheit und Recht, Bd. 8). Baden-Baden 1993.

22 Vgl. hierzu den Beitrag des Verfassers im Sammelband von der Tagung der Kulturstiftung in Bonn-Bad Godesberg im März 1995. A. Uschakow: Die politische Stabilität als Voraussetzung einer neuen Sicherheitsordnung in Europa, in: Rechtliche und politische Perspektiven deutscher Minderheiten und Volksgruppen, hrsg. v. D. Blumenwitz und G. Gornig, Köln 1995, S. 131-141.

23 Vgl. den Beitrag des "Vaters" des Harmel-Berichts aus der Sicht der achtziger Jahre, P. Harmel: Vierzig Jahre Ost-West-Beziehungen: Hoffnungen, Befürchtungen und Herausforderungen, in: NATO-Brief, Nr.4/1987, S. 3-11.

lautet: Ist zu einer Kooperation in so vitalen Fragen wie der auf militärischem Gebiet eine hohe Übereinstimmung nicht nur der Absichten, sondern vor allem der Institutionen und der sie tragenden sozialen Basis möglich? Im frühen Stadium der Diskussion der Organisationsformen in Westeuropa gab es im Schrifttum kaum Widerspruch gegen die These, daß Zusammenschlüsse von Staaten eine gewisse Homogenität aufweisen müssen, um das angestrebte Ziel zu erreichen, also in einer Zeit, als die Frage eines Kerneuropas noch in weiter Ferne lag.[24]

Es verwundert deshalb nicht, daß sich die Partner des Washingtoner Vertrages von 1949 angesichts der Sturmzeichen am osteuropäischen Horizont seit 1988 an die Doppelfunktion der westlichen Allianz erinnerten. So bestätigten die Staats- und Regierungschefs der NATO auf ihrer Tagung am 30.5.1989 in Brüssel den Harmel-Bericht und kündigten an, daß das Bündnis auch weiterhin der Eckpfeiler der europäischen Sicherheit, des Friedens und der Freiheit sein werde.[25] Nach dem Gipfeltreffen in Rom wertete die Ministertagung des Nordatlantikrates vom 19.12.1991 die augenblickliche Phase der Politik als "dramatisch". Vor diesem Hintergrund kommt den "Beschlüssen von Rom", die die Rolle der NATO als Quelle der Stabilität für ganz Europa hervorheben, besondere Bedeutung zu, da die Allianz ihrem traditionellen Ansatz des Dialogs und der kollektiven Verteidigung die Dimension der Kooperation hinzufügt.[26]

## Bausteine einer neuen Sicherheitsarchitektur

Der Anfang dieses Prozesses ist in die Phase unmittelbar nach der deutschen Vereinigung, dem Abzug der sowjetischen Truppen aus der DDR und Mitteleuropa und der dramatischen Lage der Sowjetunion in den Jahren 1990/91 zu verlegen. Gorbatschow hat zwar letztlich der Mitgliedschaft des vereinten Deutschlands in der NATO zugestimmt, doch er und seine Mannschaft bemühten sich, mitteleuropäische Staaten für eine lockere Allianz mit Moskau zu bewegen und die Zustimmung der westlichen Staaten für diesen Plan zu bekommen. Ob die sowjetische Führung damals an die Funktion des neuen "Kooperationselements" neben dem der Verteidigung und des Dialogs gedacht hatte, ist mehr als zweifelhaft, aber in der Diskussion zwischen der NATO und Rußland behaupteten sowohl der russische Außenminister Kosyrew als auch Präsident Jelzin, daß die Einsetzung des Nordatlantischen Kooperationsrates Ende 1991 "auf unseren Vorschlag" zurückgehe. Die russische Diplomatie habe der NATO diese Idee suggeriert, um zusammen mit Osteuropa und der NATO ein System der "Partnerschaft" zu errichten.[27]

---

24 Vgl. H. Kruse: Strukturelle Kongruenz und Homogenität, in: Mensch und Staat in Recht und Geschichte. Festschrift für Herbert Kraus. Kitzingen 1954, S.112-127. Aus der Sicht der sechziger Jahre hat der Verfasser dieser Zeilen diese Frage für die osteuropäische Wirtschaftsorganisation (Comecon) kurz aufgeworfen. In ihr wollten so verschiedene Länder wie die UdSSR, Polen, Ungarn, die DDR usw. kooperieren. Natürlich war damals der Abgang des Kommunismus zwar eine gewünschte, aber kaum reale Möglichkeit gewesen. Vgl. A. Uschakow: Der Rat für Gegenseitige Wirtschaftshilfe (Comecon). Köln 1962, S. 32f., und H. Rumpf: Ideologische Homogenität in den Allianzen, in: Aussenpolitik, 1982, S. 147-158.

25 Text in: Das Atlantische Bündnis (wie Anm. 20), S. 475-482

26 Text des Kommuniqués, in: NATO-Brief 1/1992, S. 26.

27 Vgl. den Artikel von Schikarenko, in: Iswestija, 22.6.1994. Es sei das Motiv gewesen, ein Sicherheitsvakuum in Zentraleuropa bis zur Etablierung eines gesamteuropäischen Systems der Sicherheit für das 21. Jahrhundert auszufüllen.

Rußland will sich an einer "gesamteuropäischen Sicherheitsarchitektur" für das 21. Jahrhundert auf der Grundlage einer modifizierten KSZE/OSZE beteiligen. Allmählich sollen die Kompetenzen der NATO in diesem "gemeinsamen" System der europäischen Sicherheit aufgehen.[28]

Rußland beansprucht die Stellung einer Großmacht. Im speziellen Dokument über Kooperation mit der NATO vom 22.1994 fixieren dies die Punkte 2 und 4: Das Bündnis und Rußland vereinbarten, entsprechend der Größe, der Bedeutung und der Potentiale Rußlands ein detailliertes individuelles Partnerschaftsprogramm (2), und: Das Bündnis und Rußland vereinbarten vertiefte Maßnahmen des Dialogs und Kooperation auf allen Gebieten, "auf denen Rußland im Einklang mit seinem Gewicht und seiner Verantwortung als bedeutende Macht sowie als Welt- und Nuklearmacht einzigartige Beiträge von großer Bedeutung leisten kann ..."(4)[29]. Die Anerkennung Moskaus als Groß- und Nuklearmacht[30] impliziert weitere Fragen nach der sogenannten Architektur der Sicherheit. Trotz der sogenannten Kooperationsschienen NATO, KSZE/OSZE, EU, WEU ist doch die strategische "Sonderschiene" USA-Rußland eine Art Fortsetzung des alten Gleichgewichts der Kräfte während des Kalten Krieges, eingebettet in die sogenannte europäische Architektur der Sicherheit. So reduziert sich die letztere Funktion auf präventive diplomatische und, als letzter Ausweg, auch militärische Aktionen, berührt jedoch nicht das globale Gleichgewicht zwischen den USA und Rußland auf dem oben erwähnten Gebiet. Weitere Differenzierungen der Kompetenzen oder Begründung neuer Institutionen finden außerhalb des Sonderbündnisses USA-Rußland statt. In diesem Sinne muß der Beschluß der Ministertagung des Nordatlantikrates vom 4.6.1992 in Oslo gesehen werden: "Die Allianz und die transatlantische Partnerschaft werden unsere Sicherheit garantieren. Wir sind aber überzeugt, daß Stabilität und Sicherheit im euro-asiatischen Raum sich zunehmend auf einem Geflecht ineinandergreifender, sich gegenseitig verstärkender Institutionen aufbauen werden: der NATO, der KSZE, der Europäischen Gemeinschaft, der WEU und dem Europarat".[31]

Wer das Sonderverhältnis der USA zur Russischen Föderation nicht berücksichtigt, der wird sich mit dem Phänomen des sogenannten schwachen Staates (soft state) beschäftigen müssen. Aus verschiedenen Gründen sei die UdSSR 1991 schon lange kein starker Staat gewesen, schreibt Wettig.[32] Das traditionelle Völkerrecht habe bis heute keine

---

28 Anläßlich der Unterzeichnung der Zusammenarbeit zwichen der NATO und Rußland über Sicherheit und Zusammenarbeit am 22.6.1994 hielt der russische Außenminister einen Vortrag, in dem er auch auf die sogenannte politische Partnerschaft eingegangen ist. Das Ziel aus russischer Sicht sei ein System der kollektiven Sicherheit und Stabilität in Europa. Die Partnerschaft solle nicht zum Nebeneinander der NATO und anderer Institutionen, "sondern im Gegenteil zu einer Koordinierung aller Aktivitäten führen, mit denen verschiedene Organisationen ihre Ziele verfolgen". Text der Rede in: NATO-Brief, 4/1994, S. 4.

29 Text: ebenda, S. 5.

30 Großmachtstellung im gegenwärtigen Völkerrecht setzt die Ständige Mitgliedschaft eines Staates im Sicherheitsrat der UNO voraus. Zuvor klärte Moskau seinen Status durch die Doktrin, daß Rußland die Sowjetunion fortsetze. Zur völkerrechtlichen Frage nach wie vor aktuell die Studie von H. Mosler: Die Großmachtstellung im Völkerrecht, Heidelberg 1949.

31 Text in: NATO-Brief, 3/1992, S.30.

32 Vgl. G. Wettig: Neue Herausforderungen für die Sicherheit in Europa, in: Außenpolitik, II/1995, S. 140,144-146. Vorher schon ders.: Umstrittene Grundlagen der Sicherheit in Europa, in: ebenda, I/1995, S. 40-50.

Mittel, um das grundlegende Problem der Gegenwart zu lösen. Darauf ist die Antwort recht simpel; es mögen zwei Stimmen von kompetenten US-Politikern genügen. US-Außenminister Warren Christopher erklärte am 31.5.1994 in einem Interview: Natürlich werde man mit Rußland wegen seiner Größe und Bedeutung "auch außerhalb der Partnerschaft für den Frieden weiterhin Beziehungen besonderer Art ... unterhalten. Meines Erachtens sind die atomaren Fähigkeiten des Landes eindeutig ein Gebiet, auf dem wir wegen dieser einzigartigen Befähigung Kontakte zu Rußland pflegen sollten"[33]. Auf das Phänomen eines "schwachen Staates" in der Gegenwart ging General John Shalikashvilli als Vorsitzender der Vereinigten Stabschefs in einer Vorlesung vor der Georgetown University über "Diplomatie und Gewalt im 21. Jahrhundert" ein. Er unterschied kriegerische und nichtkriegerische Operationen, meinte, daß die zweite Art der Welt wahrscheinlich auch im kommenden Jahrhundert Kopfzerbrechen bereiten würde. Es bestehe die Notwendigkeit, für die multipolare Welt von heute den Rahmen zu gestalten. Früher hätte dies bedeutet, ein Gleichgewicht zwischen konkurrierenden Mächten zu finden – also die traditionelle europäische Sicherheitslösung. Die Welt von heute sei jedoch nicht so einfach: "Es gibt Atomwaffen, die das Mächtegleichgewicht auf eigenartige Weise verändern. Wie sonst könnte die Sowjetunion mit ihrer derart rückständigen und verarmten Volkswirtschaft als so mächtiger Gegner betrachtet werden?" Ferner sei einleuchtend, "daß es bei Vorhandensein eines Mächtegleichgewichts eine Nemesis gibt, gegen die das Gleichgewicht gehalten wird"[34].

Richtungsweisend für die Idee der neuen europäischen Sicherheit waren Gipfeltreffen der westlichen Allianz von 1985, 1988 und 1989 in Brüssel, dann die KSZE-Konferenz von 22 Staaten vom 19.11.1990 in Paris (Charta von Paris), der Gipfel der NATO vom 7./8.11.1991, die Ministertagung des Nordatlantikrates vom 18.12.1991 in Brüssel und die Gründung des "Nordatlantischen Kooperationsrates" am 20.12.1991, an dem sich außer den NATO-Staaten auch ehemalige Mitglieder des Warschauer Paktes beteiligten. Am 6.7.1991 veröffentlichten die NATO-Außenminister in Kopenhagen eine Erklärung über die Partnerschaft mit den Ländern Mittel- und Osteuropas. Während in Rom im November 1991 das strategische Konzept des Bündnisses Doktrin wurde, legten zur gleichen Zeit die Außenminister die Aufgaben des neuen Kooperationsrates fest. Dieser Schritt wurde notwendig, weil die Tagung in Rom das sogenannte Umfeld der Allianz als strategisches Interesse des Bündnisses definierte und ihre Verteidigungsdoktrin von Großverbänden auf bewegliche kleinere Einheiten verlagerte. Die kollektive Verteidigung bleibt erhalten, weil sie die Sicherheit und die territoriale Integrität der Partner schützt.[35] Erste konkrete Vorschläge zur neuen Strategie von Rom machte die Ministertagung des Nordatlantikrates vom 19.12.1991. Im Kommuniqué der Tagung heißt es: Die westliche Allianz habe dem traditionellen Ansatz des Dialogs und der kollektiven Verteidigung "die Dimension der Kooperation hinzugefügt"[36]. Ein neuer Zugang zur Lösung von Sicherheitsfragen wurde ferner notwendig, weil sowohl der strategische Rückzug der Sowjetunion aus Mitteleuropa als auch die strategische Bedeutung des vereinten Deutschlands eine neue Situation in Mittel- und Osteuropa geschaffen haben.

---

33 US-Informationsdienst, Bonn, 22/1994, 8.6.1994.

34 Ebenda, 47/1994, 30.11.1994.

35 Vgl. den Text der Verlautbarung in: NATO-Handbuch, Brüssel 1993, S. 177-194.

36 Text in: NATO-Brief, 1/1992, S. 28.

Am 20.12.1991 umriß der Kooperationsrat seine Aufgaben und Ziele. Aus dem Dokument kann man die Richtung ahnen, in die sich die weitere Politik bewegen wird, nämlich, daß die Gewährleistung der europäischen Sicherheit "zunehmend von einem Geflecht ineinandergreifender, sich ergänzender Institutionen" wahrgenommen wird.[37] Unterhalb der Schwelle größerer militärischer Konflikte kommt der rekonstruierten Organisation für Sicherheit und Zusammenarbeit in Europa (OSZE) eine Schlüsselrolle zu. Sie ist jetzt ein regionales politisches Abkommen im Sinne des VIII. Abschnitts der UN-Charta. In ihr wird das bisherige Prinzip der Subsidiarität[38] aufgehoben. Bevor sich die UNO einschaltet, gehört die Konfliktbehandlung mit den ihr zustehenden spezifischen Mitteln im gesamten Raum "von Vancouver bis Wladiwostok" zu ihrer Kompetenz.

---

37 Vgl. hierzu Kommuniqué der Ministertagung des Nordatlantikrates vom 19.12.1991 und die Erklärung des neu konstituierten Kooperationsrates "Über Dialog, Partnerschaft und Zusammenarbeit" vom 20.12.1991, in: NATO-Brief 1/1991, S. 26-30 (27).

38 Auf diesen Grundsatz verwies Bundeskanzler Kohl auf der Tagung der KSZE in Budapest im Dezember 1994. Zur NATO sagte er: Die Atlantische Allianz sei Eckpfeiler der Sicherheit und Stabilität nicht nur für die eigenen Mitglieder, sondern für ganz Europa: "Dabei streben wir eine engere Verbindung der KSZE mit dem Sicherheitsrat der Vereinten Nationen an. Die KSZE soll künftig Vorrang haben bei der Friedenswahrung in ganz Europa." Vgl. Bulletin der Bundesregierung, 120/1994, 23.12.1994, S. 1116.

Artur Hajnicz

# Aspekte der europäischen Sicherheitslage aus polnischer Sicht

In diesem Gremium den Stand der europäischen Sicherheitslage zu bewerten, wäre, gelinde gesagt, gewagt. Ich möchte mich daher zu einigen Problemen aus polnischer Sicht äußern. Selbstverständlich haben der Zerfall des Warschauer Pakts und der Rückzug der russischen Armee aus Deutschland, der Tschechischen Republik, Ungarn, Polen, Litauen, fast ganz aus Lettland und inzwischen auch aus Estland eine ganz neue und viel bessere Sicherheitslage für Europa geschaffen. Obwohl in der ehemaligen Sowjetunion verschiedene Reintegrationsprozesse vorkommen, und die russische Armee mit ihren Nuklearwaffen praktisch den gesamten Raum der früheren Sowjetunion kontrolliert, sehen wir doch, daß diese militärische Macht Hunderte von Kilometern nach Osten zurückgezogen worden und ihre Bedrohung kleiner geworden ist. Außerdem steckt sie selber in einer Krise.

Was uns aber bedrängt, ist die Tatsache, daß die Sicherheit nicht gleichmäßig ausgebreitet ist. Wir können sozusagen drei Regionen unterscheiden. Zunächst sind zu nennen die Staaten der NATO und diejenigen, die unmittelbar unter ihrem Schutzschirm verbleiben, also die Staaten der Europäischen Union. Das ist eine Region stabiler Sicherheit. Der Beitritt der skandinavischen Staaten zur Europäischen Union schafft eine neue Lage, weil damit der Sicherheitsschirm ausgedehnt wird. Wenn man Finnland betrachtet, reicht er bis an die Grenzen Rußlands, an St. Petersburg – obwohl Finnland selbst nicht zur NATO gehört. Die zweite Region umfaßt die GUS-Staaten. Im militärischen Sinn verbleibt der ganze postsowjetische Raum unter der Kontrolle der großen russischen Armee. Zwischen diesen beiden Regionen gibt es einen dritten Bereich, der, wie ich ihn benennen möchte, "verminderten Sicherheit". Ich wiederhole in diesem Zusammenhang einen Begriff, den ich vor zwei Jahren in der Akademie von Admiral Wellershoff schon einmal gebraucht habe, nämlich die "sicherheitspolitische Heimatlosigkeit". Das bedeutet, daß die eigenen Streitkräfte dieses Raums nicht imstande sind, sich einer wirklichen Gefahr zu widersetzen. In diesem geopolitisch gefährdeten Raum, in dem während der beiden Weltkriege die schrecklichsten Winde hin- und herwehten, gibt es zwar kein Vakuum; es ist auch kein Niemandsland, denn die Staaten haben Streitkräfte, die die heutige Lage sichern. Aber im Falle einer wirklichen Tragödie, einer akuten Notlage, reicht das natürlich nicht. Bei einer Zugehörigkeit zur NATO kann dagegen keine akute Lage entstehen, weil es dann keine "graue" Region gibt.

Der Warschauer Pakt ist nicht von selbst zerfallen. Er wurde zielstrebig von innen zersetzt, weil seine Mitgliedsstaaten in diesem Pakt keine Sicherheit hatten. Die Sowjetunion übte eine Art von Kontrolle aus. Die Staaten des Warschauer Paktes waren als Mitglieder des Paktes gefährdet. Ich möchte an die Intervention in die Tschechoslowakei 1968 oder an den Einmarsch in Ungarn 1956 erinnern. Es war ein Pakt, der eigentlich gegen die eigenen Mitglieder funktionierte, für die Mitglieder also kein Sicherheits-, sondern ein Unterdrückungspakt. Der Pakt wurde von den eigenen Mitgliedern zersetzt.

Der Westen konnte das nicht beeinflussen. Manche Kräfte im Westen meinten jedoch, daß es zu schnell gehe. Damals liefen noch die Abrüstungsgespräche, und man hat zwischen der NATO und dem Warschauer Pakt bei den Wiener Gesprächen Prozente abgewogen. Und da ist der Warschauer Pakt plötzlich zerbrochen. Für die betroffenen Staaten war die Zersetzung des Paktes aber viel wichtiger als die Wiener Gespräche. Schon damals haben Leute in der Regierung, wie Janusz Onyszkiewicz, der spätere Verteidigungsminister, mehrmals wiederholt, daß eine Neutralität für Polen unannehmbar sei. Das war im Jahre 1990 bei einem Seminar unseres Internationalen Zentrums beim Senat mit der Rand-Corporation, als wir zum ersten Mal sagten, daß eine Neutralität unsere Probleme nicht beseitigt. Das hat in diesem Moment unsere amerikanischen Gäste erstaunt.

Als Zweites ist zu sagen: In dieser geopolitischen Lage gibt es auf längere Sicht keine Neutralität ohne Gefährdung. Eine solche sicherheitspolitische Heimatlosigkeit schafft für einen potentiellen Aggressor eine Gelegenheit. Das soll man von vorneherein voraussehen. Die NATO selber erlebt nach dem Kollaps des Gegners ebenfalls eine Krise. Die Frage ist, wie man aus dieser Krise herauskommt – ob eine Osterweiterung der NATO die Krise vertiefen wird oder ob sie das Gegenteil bewirkt, also die Krise beendet. Das Problem der NATO besteht darin, daß die Änderung der ganzen Weltlage die psychologische und politische Bereitschaft der Mitgliedsstaaten, die Kosten der Sicherheit zu tragen, verkleinert hat. Die Leute fragen, warum sie das alles bezahlen und die ganzen Kosten und Schwierigkeiten tragen sollen, wenn es doch keine Gefährdung mehr gibt. Die große Macht, die den Frieden der Welt garantierte, wurde – Beispiel Jugoslawien – zu einer Feuerwehr der Vereinten Nationen degradiert. Der Serbenführer Karadzić hat sogar gedroht, er werde die NATO zerschlagen. Er wird das natürlich nicht tun, aber man kann befürchten, das die Serben die NATO lächerlich machen. Ich bin der Meinung, daß eine Osterweiterung der NATO dazu führen würde, sie ernster zu nehmen. Eine Erweiterung würde bedeuten, daß diese große und wichtigste Sicherheitsorganisation, die den Frieden schafft, auch von den verschiedenen Karadzićs ernst genommen werden würde.

Natürlich gibt es Fragen, ob sich die Erweiterung lohnt. Ich meine, daß Polen und andere mitteleuropäische Staaten dieser Organisation etwas zur Verfügung stellen können. Meine These lautet: Polen wäre in der NATO kein Sicherheitskonsument, sondern ein Sicherheitsproduzent. Warum? Polen ist kein Sicherheitskonsument, weil es in keinen Konflikt verwickelt ist. Es gibt jetzt keine Grenzprobleme mehr und keine ethnischen Konflikte. Es gibt also im Moment keine wirkliche Gefährdung und keine Lage, wo akut von der NATO Hilfe benötigt würde. Andererseits hat Polen eine mittelgroße Armee, etwa zweimal so groß wie die tschechische, die ungarische, die slowakische und die der baltischen Staaten zusammengenommen – ein gravierender Faktor mit einem gut ausgebildeten Offizierskorps. Natürlich muß man das Ganze noch verbessern, damit es zu den NATO-Strukturen paßt. Das geht nicht von einem Tag oder einem Jahr auf das andere. Man muß das allmählich durchführen, aber es handelt sich doch um eine bedenkenswerte Perspektive.

Ein weiteres Argument für den Beitritt Polens ist die geopolitische Lage. An den Grenzen der Königsberger Region, von Weißrußland, Litauen und der Ukraine gelegen, schafft Polen die Ausgangsmöglichkeiten zur Stabilisierung der ganzen sehr unsicheren

Region. Gleichzeitig gibt es keine akuten Probleme, denn Polen hat mit allen diesen Staaten und auch mit Rußland Verträge abgeschlossen. Im Gegenteil, ohne die NATO-Zugehörigkeit kann die sicherheitspolitische Heimatlosigkeit auf längere Sicht zu einem potentiellen Konfliktherd werden. Es geht nämlich auch um die innere und innenpolitische Lage. Polen hat ein aktives Sicherheitsbedürfnis; im Westen verkleinert sich dieses Bedürfnis. Im Osten hingegen, in der bezeichneten Region, wächst das Bedürfnis danach. Wenn man das Problem nicht löst, entstehen von Jahr zu Jahr immer mehr innere Probleme nach der Devise: "Sie wollen uns nicht. Wir haben zwar dazu beigetragen, daß sich auch die Sicherheitslage des Westens verbessert hat, aber jetzt wollen sie uns nicht." Das hat konkrete Folgen etwa bei den Wahlen und führt auch zu sozialen Schwierigkeiten.

Natürlich – und damit kommen wir zum Kernproblem – stoßen wir hier auf das russische 'Nein'. Aber weder die NATO noch die betroffenen Staaten können es sich leisten, sich dem russischen Diktat zu unterwerfen. Je öfter und je heftiger dieses russische Veto wiederholt wird, umso deutlicher ist, daß die Verweigerung der Osterweiterung eine Unterstellung unter dieses Diktat darstellt. Das ist auch den Russen klar. Vor wenigen Tagen hatte Marek Nowakowski, der Leiter des Zentrums für internationale Beziehungen beim Senat, Gelegenheit, einem der wichtigsten russischen Berater Präsident Jelzins die Frage zu stellen, wonach es doch klar sei, daß diese Perspektive der Osterweiterung früher oder später eine Realität werden würden. Warum sei Rußland noch immer so hartnäckig dagegen? Die Antwort war: "Wir haben eine bestimmte innenpolitische Lage, sozusagen eine Führungskrise, und niemand kann es sich erlauben, von diesem Standpunkt abzugehen".

Die unübersichtliche und unberechenbare Lage in Moskau ist noch ein weiteres Argument zur Osterweiterung der NATO. In wenigen Jahren kann es vielleicht sogar zu spät sein, weil sich die Situation noch akuter verschärfen könnte. Die Stellungnahmen aus den verschiedenen Staaten sind natürlich unterschiedlich und wechseln auch. In Deutschland finden wir in dieser Hinsicht viel Verständnis. Bei Leuten der derzeitigen Regierungskoalition wie Lamers und Hornhues zeigt sich die Philosophie einer Mittellage. Herr Kirsch sagte in seinem Vortrag, daß Deutschland jetzt lauter Freunde um sich habe. Es handelt sich aber nicht nur um Freunde, es ist mehr. Die Philosophie der Mittellage weist auf Staaten, die strukturell in derselben Situation sind, strukturell eingebunden sind in ähnliche Systeme. Damit entsteht wirklich eine Mittellage. Denn die Bundesrepublik Deutschland war doch vierzig Jahre lang ein Frontstaat. Jetzt, nach der Vereinigung, möchten viele Leute in Deutschland, daß man von dieser Lage wegkommt. Das vereinigte Deutschland kann seine Probleme besser lösen, wenn es kein Frontstaat mehr ist. Für unsere Erwartungen ist diese Philosophie der Mittellage sehr günstig. Hier muß ich natürlich den Namen von Verteidigungsminister Volker Rühe nennen, der in Polen sehr populär ist.

Noch etwas möchte ich bemerken. Dr. Czaja sagte in der vorangegangenen Diskussion, daß die KSZE ein Luftgebilde, ein Luftballon sei. Ich persönlich bin mit dieser Bewertung einverstanden. Das ist nicht die Meinung vieler meiner Kollegen, aber ich bleibe bei meinem Urteil, daß das in Fragen der Sicherheit gilt. Die Russen drängen darauf, daß die KSZE sozusagen eine Dachorganisation über der NATO wird. Sie soll damit die Bedeutung der NATO minimalisieren, so daß die wirklichen Entscheidungen in der

KSZE fallen sollen. Die KSZE soll ein Machtmittel zur Zerstörung der NATO werden. Das ist für den Westen, die USA, aber auch für Polen natürlich unannehmbar. Minister Olechowski hat das sehr scharf zum Ausdruck gebracht. Die Amerikaner ihrerseits möchten die KSZE als Instrument zur Kontrolle der GUS-Staaten einsetzen, was natürlich den russischen Vorstellungen nicht entspricht. Jetzt kommt es zu einem Tauziehen. Das bedeutet meiner Meinung nach für die Rolle der KSZE nicht, daß der Luftballon die Luft verliert. Denn wenn Russen und Amerikaner ganz unterschiedliche Vorstellungen haben, kann man sich keine Zukunft dieser Strukturen vorstellen. Wenn sie aber übereinstimmen, kann das vielen der 53 Mitglieder nicht nutzen. Man sieht also eigentlich keine reelle Perspektive der KSZE. Dem, was Doktor Uschakow in der Diskussion gesagt hat, daß man nämlich klar Sicherheits- und Verteidigungsstrukturen unterscheiden soll, stimme ich zu, denn das ist richtig. Zu den klassischen Verteidigungsstrukturen gehört die NATO, und sie ist die einzige wirksame Sicherheitsstruktur nach dem Zerfall des Warschauer Paktes; eine andere beinhaltete die alte UNO. So wie man die NATO modernisieren und erweitern muß, damit sie ihre Aufgaben besser erfüllt, so muß man auch die Sicherheitsstrukturen der UNO modernisieren. Dazu gehört beispielsweise, daß man Deutschland und Japan zu ständigen Mitgliedern des Sicherheitsrates macht. Die Fragen sind also noch alle offen und noch lange nicht gelöst.

**Dieter Wellershoff**

# Sicherheitspolitische Überlegungen zum Wandel in der europäischen Sicherheit

## Vorbemerkung

Ich bin gebeten worden, mich zu sicherheitspolitischen Aspekten des Wandels im östlichen Europa zu äußern. Ich will dem folgende Bemerkungen vorausschicken:

- Wo ist das östliche Europa? Ich ziehe es vor, von der Wiedervereinigung Mitteleuropas zu sprechen.
- Wenn man den früheren kommunistischen Machtbereich meint, sollte man vielleicht von der östlichen Hälfte unseres Kontinentes reden.
- Man kann heute meines Erachtens Sicherheitspolitik nicht nur innereuropäisch sehen. Man muß zwangsläufig auch die Sicherheit Europas in der Welt sehen.

## 1. Einige rhetorische Fragen zur Einleitung

Lassen Sie mich mit einer Serie rhetorischer Fragen beginnen, um die Vielfalt der sicherheitspolitischen Fragestellungen zu verdeutlichen.

- Wer hat noch den Überblick in der Sicherheitspolitik? Immer neue Strukturen und Programme, Gipfelkonferenzen und Kommuniqués. Unübersichtlichkeit ist in der Welt.
- Wollen wir die *NATO erweitern*? Wenn ja, wann und um wen?

  Wird es eine *Gemeinsame Außen- und Sicherheitspolitik der Europäischen Union* geben, und wie wird diese aussehen? Mit wieviel Geschwindigkeiten entsteht die wirkliche Europäische Union?
- Kann die *OSZE die* europäische Friedensordnung bringen, die wir uns erhoffen?
- Wie sieht die *Zukunft der Visegrad-Staaten* aus? Und die der baltischen Staaten? Sind sie nicht Länder der unerfüllten Hoffnung auf Aufnahme in die Gemeinschaft der westlichen Zivilisation?
- Wie ist das *Pulverfaß Rußland* wirtschaftlich, aber auch als Staat zu stabilisieren? Was geschieht in und mit der Ukraine?
- Wie wird *das post-jugoslawische Drama* ausgehen?
- Wird die Ost-West-Konfrontation durch die *Nord-Süd-* oder besser die *Reich-Arm-Konfrontation* abgelöst?

- Wie explosiv wird die arme, unterentwickelte Welt angesichts von *Bevölkerungsexplosion und Verarmung* und weiträumiger Umweltzerstörung sein?
- Wie groß wird der Migrationsdruck? Woher kommen und wohin streben die *Flüchtlingsströme* von morgen?
- Wie stark wird das *internationale Verbrechen* mit seinem illegalen Geld sein?
- Welches Verhalten wird *die islamische Welt* beherrschen, das dialogbereite oder das fundamentalistische?
- Wer alles wird in Zukunft über *Massenvernichtungswaffen* und entsprechende Trägermittel verfügen?
- Wie antworten wir auf den Ruf nach der Bestimmung unserer nationalen Interessen? Was sind unsere - bzw. des jeweiligen Staates - *nationale Interessen* in der Relation zu den Gemeinschaftsinteressen aller Staaten?
- Wann wird *Deutschland* die volle Handlungs- und Bündnisfähigkeit im Rahmen seiner *UNO-, NATO- und europäischen Pflichten* politisch-psychologisch voll annehmen?

Ich habe *keine Patentlösungen*, Schubladenantworten oder Kochrezepte für all diese Fragen. Die Welt wird noch eine Weile unordentlich bleiben. Unsere Prognosefähigkeit hat sich als mangelhaft erwiesen. Es gibt keinen geschichtlichen Vorgang für den gewaltigen Wandlungsprozeß, der z.Zt. abläuft. Das *Grand Design*, nach dem heutzutage so oft gerufen wird, ist m.E. nicht zu machen. Ich werde das im Laufe meines Referates zu begründen versuchen. Die Vielfalt der teils unabhängigen, teils interdependenten Prozesse ist nicht berechenbar. Die Zahl der Mitwirkenden und der Politikfelder stellt steigende Anforderungen an die Aufnahme, Durchdringung und Vermittlung von komplexen Sachverhalten und Entscheidungszusammenhängen.

In rauher See und in undurchsichtigem Wetter brauchen wir zunächst drei Dinge:

- *klare Zielbestimmung,*
- *sorgfältige Kompaßpflege und*
- *erstklassige Navigateure,*

um sicher unseren Hafen erreichen zu können.

## 2. Unser Zielsystem

Was also ist unser Ziel? Hier tut sich sofort das Problem auf, daß wir das Ziel nur ziemlich abstrakt beschreiben und die Szenarios nicht umfassend vorplanen können. Unser Ziel ist die Herstellung, Erhaltung und Mehrung von Freiheit, Demokratie, Herrschaft des Rechtes, Wohlfahrt durch wirtschaftliche Freiheiten - alles Zielsetzungen in sonntagsredenhafter Abstraktion. Kein böser Feind zum Anfassen, eher Umstände und Lebensbedingungen, deren Fehlen man sich ebenso schwer vorstellen kann, wie der Gesunde die Krankheit. Dabei ist die Welt voll von Negativbeispielen.

Wir suchen Sicherheit in allen drei Aggregatzuständen der internationalen Beziehungen:

Im *Frieden* wollen wir das Aufkommen von Krisen verhindern.

Ausgebrochene, akute *Krisen* sollen eingedämmt und beendet werden.

Den *Krieg* wollen wir unter Erhalten des Schutzobjektes schnell beenden.

Zur Zielbeschreibung empfehle ich die Lektüre von *Originaldokumenten*, national z.B. das Grundgesetz einschließlich seiner Präambel, international die UN-Charta, die Charta von Paris, den Maastricht-Vertrag und den NATO-Vertrag. Hier sind die Ziele unseres Staates, Europas und der Staatengemeinschaft teilweise in wunderbaren Formulierungen formuliert. An verbalen Zielbeschreibungen und Willensäußerungen fehlt es nicht.

## 3. Zur Lagebeurteilung

3.1 Ich möchte zunächst die *Herausforderungen und Risiken* hier in aller Kürze ansprechen, bevor ich auf einige strategische Überlegungen eingehe. Ich werde dabei je vier geographische *Risikozonen* und grundsätzliche *Risikoarten* anreißen. Letztere sollen auch verdeutlichen, daß unsere Sicherheitsrisiken sehr vielfältig sind, nicht nur in Europa liegen und beileibe nicht nur militärisch sind. Im Gegenteil, die wenigsten Konfliktursachen sind von militärischer Natur. Streitkräfte können oder müssen aber im Guten wie im Bösen oft das Mittel der Konfliktaustragung oder -eindämmung sein. Nicht die Waffen sind das Problem, sondern die Menschen.

3.2. *Die geographische Betrachtung* konzentriere ich mit Schwerpunkt auf die östliche Hälfte unseres Kontinents. Ich weise jedoch darauf hin, daß erhebliches Konfliktpotential auch außerhalb Europas existiert.

3.2.1. Der Prozeß der Reformen in *Zentral-, Ost- und Südosteuropa* ist noch nicht abgeschlossen. Viele offene Fragen harren noch der Lösung. Manche Grenzen sind umstritten. Minderheiten verlangen Selbstbestimmung, und auch die Demokratie ist noch nicht überall fest etabliert. Vor allem kämpfen noch viele Staaten mit ihren gewaltigen wirtschaftlichen Umwelt- und Sozialproblemen, die sie aus den kommunistischen Zeiten geerbt haben.

Rußland ist einer besonderen Betrachtung wert.

- Rußland ist die volkreichste, rohstoffgesegnetste und militärisch gewichtigste Macht in Europa.
- Rußland befindet sich noch in der Suchphase nach seiner zukünftigen Rolle. Die psychologische Lage schwierig. Der Erfolg der Marktwirtschaft und die Etablierung eines demokratischen Staatssystems stehen auf der Kippe.
- Rußland hat gewaltige wirtschaftliche und Umweltprobleme, deren Behebung z.Zt. vor allem an dem zusammengebrochenen Rechts- und Verwaltungssystem scheitert.
- Rußland kann mit hoher Sicherheit in absehbarer Zeit weder Mitglied der Europäische Union noch der NATO werden. Die meisten anderen Staaten Europas sind jedoch entweder schon Mitglied oder haben berechtigte Aussicht, es irgendwann zu werden.

- Der Rest Europas und der Welt muß Rußland als Partner ernst nehmen und den strategischen Dialog suchen.
- Rußland kann allerdings in keiner Beziehung völkerrechtlich in bezug auf seine beanspruchte Einflußsphäre bessergestellt werden. Die Grundsätze der Vereinten Nationen und der KSZE von der "souveränen Gleichheit aller Staaten" und der "gleichen Sicherheit für Alle" gelten unverändert.

Es gibt noch viel explosives Material in Europa. Andererseits dürfen wir nicht hundertprozentig eurozentrisch werden. Wir müssen uns bewußt sein, daß es auf der Welt noch weitere große Herausforderungen gibt. Ich möchte nur einige davon, und zwar die aus meiner Sicht wichtigsten, ganz kurz erwähnen.

3.2.2. In den letzten Jahrzehnten sind wir uns zunehmend bewußt geworden über den *islamischen Bogen*, dessen Westende eindeutig in Marokko und dessen östliches Ende je nach Autor in Indonesien oder in den zentralasiatischen Staaten gesehen wird. Ich glaube, wir haben in diesem Bereich eine gefährliche Überlappung von verschiedenen Konfliktpotentialen. Einmal ist natürlich der Friedensprozeß zwischen Israel und seinen Nachbarn noch lange nicht zu Ende, und es gibt dort in diesem islamischen Bogen den Wettbewerb um Öl und Wasserressourcen. Es gibt dort natürlich auch die typischen Sozialprobleme der Dritten Welt wie Überbevölkerung und Armut. Das alles in der Kombination mit den inneren Auseinandersetzungen der gemäßigten und kemalistischen Einstellungen mit dem islamistischen Extremismus macht den islamischen Bogen zu einer gefährlichen Region südlich von Europa.

3.2.3. Und wenn man über die *Dritte Welt* redet, muß einem klar sein, daß die Gefahr besteht, daß aus der Ost-West-Konfrontation eine Reich-Arm-Konfrontation zwischen Norden und Süden entsteht. Das ist natürlich erst in zweiter Linie ein militärisches Problem, aber es ist deutlich, daß viele Konflikte und Krisen schon heute dort existieren, und daß die Streitkräfte hier doppelt herausgefordert sind, auf der einen Seite zu helfen und zusammenzuarbeiten und auf der anderen Seite mit den Problemen und Konflikten fertig zu werden. Fälle wie Somalia und Ruanda stellen der Staatengemeinschaft neue Fragen und Aufgaben.

3.2.4. Und letztlich spielt natürlich auch der Wettbewerb zwischen den großen *industriellen Kraftzentren Europas, Asiens und Nordamerikas* eine sicherheitspolitische Rolle, und es ist wichtig, daß man die zukünftige Entwicklung Chinas aufmerksam beobachtet.

3.3. Die vier Kategorien. *Nun einige Bemerkungen zu den vier Risikoarten.* Wir sind konfrontiert mit einer Vielfalt neuer oder neubelebter Herausforderungen. Ich glaube, man kann sie in vier Kategorien beschreiben. Es gibt natürlich auch alle Arten von Mischformen.

3.3.1. Da sind zunächst die *staatlichen und territorialen Auseinandersetzungen*, Expansionismus, Hegemoniebestrebungen, Imperialismus, aber auch reale Probleme in der Beschreibung des Staatsgebietes und des Grenzverlaufs. Grenzprobleme gibt es übrigens auch auf See, Grauzonen, umstrittene Wirtschaftszonen oder z. B. die Spratly-Islands im Südchinesischen Meer. In Osteuropa gibt es zwischen den Nachfolgestaaten der Sowjetunion über 20 Grenzkonflikte und 100 ethno-territoriale Auseinandersetzungen. Es muß unser aller Bestreben sein, die Grenzen unwichtiger zu machen, Freizügigkeit von Menschen und Waren zu fördern und so diese Konfliktpotentiale zu entschärfen.

3.3.2. Die Konflikte, die sich im Bereich von *Menschenrechten und Selbstbestimmung* ergeben, haben ihre Wurzeln in der Nichtbeachtung des Völkerrechts, aber die Souveränität der Staaten ist auch ein völkerrechtliches Gut. Kurz gesagt, wie klein darf denn eine Minderheit sein, um erfolgreich nach staatlicher Unabhängigkeit zu rufen? Ist die internationale Gemeinschaft andererseits berechtigt oder gar verpflichtet, in bestimmten Fällen z. B. schlimmster Menschenrechtsverletzungen, von Völkermord oder humanitärer Katastrophen in die sogenannten Inneren Angelegenheiten einzugreifen? Es gibt ja leider viele aktuelle Entwicklungen, die diese Frage aufwerfen.

3.3.3. *Wirtschaftliche und soziale Probleme* und Konflikte als Ergebnis des Bankrotts des Kommunismus, der Überbevölkerung, der Armut sind eine weitere Kategorie. Hierhin gehören auch Konflikte, die sich aus weiträumiger Umweltverseuchung oder aus dem Kampf um Ressourcen wie Energie, saubere Luft, Wasser oder Rohstoffen ergeben.

3.3.4. *Das internationale organisierte Verbrechen* mit Terrorismus, illegalem Waffenhandel, Schmuggel, Piraterie und Drogenhandel hat eine Ebene erreicht, die durchaus derjenigen von zwischenstaatlichen Konflikten gleicht. Gesamtstaatliche internationale Aktionen sind erforderlich.

*Meine Schlußfolgerungen aus der Risikobetrachtung* sind auch gleichzeitig die Überleitung zum Strategiekapitel.

## 4. Strategien und Strukturen

4.1. Erste Konsequenz ist: ein *neues Verständnis von Sicherheitspolitik* wird benötigt. Ich nenne Ihnen hierfür vier Gründe:

4.1.1. *Raumdimension*

Wir haben es mit *neuen Raumdimensionen* zu tun. Unsere Sicherheitsüberlegungen dürfen nicht an unseren territorialen oder Bündnisgrenzen enden. Wir brauchen einen weiteren Horizont. Die Welt wird kleiner, sie wird die "Eine Welt" oder das "global village". Handel, Kommunikation, Waffenreichweiten und auch Waffenverbreitung steigen ständig, unsere Abhängigkeit von Export und unser Angewiesensein auf den Import von Rohstoffen wird größer, Umweltverschmutzung und Kriminalität sind weltweit. Es gibt weder ein geschlossenes System Deutschland oder Mitteleuropa, noch eines für ganz Europa.

4.1.2. *Zeitdimension*

Der *Zeitfaktor* spielt eine neue, eine andere Rolle. Große Veränderungen finden in kurzen Zeiträumen statt. Wir haben heute, wie selten zuvor, eine Gelegenheit, eine neue Periode der internationalen Beziehungen zu formen. Die meisten Prozesse sind noch nicht beendet, und die Zukunft mancher Teilnehmer und mancher Entwicklungen ist immer noch unklar und schwer vorherzusagen. Es wird auch das vielzitierte "Ende der Geschichte" nach Fukuyama nicht geben. Wie lange wird aber das Fenster der besonderen

Gelegenheit noch offen bleiben? Wir stehen vor der schwierigen Aufgabe, grundsätzliche Entwicklungen bedenken zu müssen, langfristige Veränderungen beeinflussen zu können und dennoch auf pragmatisches Handeln angewiesen zu sein.

4.1.3. *Vielfalt der Risiken*

Über die *Vielfalt und Variationsbreite der Herausforderungen* und Risiken für unsere Sicherheit habe ich schon gesprochen. Ich brauche das hier nicht zu wiederholen. Ich will nur schlußfolgernd hinzufügen, daß nahezu alle Politikbereiche von Sicherheitspolitik erfaßt werden und keiner sich seiner Mitverantwortung entziehen kann.

Dieses muß natürlich nicht nur Folgerungen für die Fortbildung von Spitzenkräften, wie wir sie an unserer Bundesakademie für Sicherheitspolitik durchführen, haben, sondern sollte sich auch in den Strukturen von Regierung und Parlament niederschlagen. Ressortminister und Spezialausschüsse müssen institutionell zur Zusammenschau gebracht werden.

4.1.4. *Vielzahl der Beteiligten*

Die *Zahl der Mitwirkenden* an der Sicherheitspolitik steigt weiter. Die internationalen Beziehungen werden weiter kompliziert durch eine Vervielfältigung der Zahl der Mitwirkenden. Dabei geht es nicht nur um die Steigerung der Zahl der teilnehmenden Staaten (KSZE von 34 auf 53), sondern wir haben es auch mit mehr und mehr internationalen Strukturen, Komitees, Programmen, Gipfeln und Nicht-Regierungs-Organisationen (NGO) zu tun. Dieses ist, so glaube ich, kein *qualitatives* Analyseproblem, sondern zunächst einmal ein *quantitatives Anwesenheitsproblem* für die Beteiligten, eine Frage des Zeitmanagements. Da aber die Zusammenschau komplexer Lagefeststellungen sich letztlich immer im Kopf des Entscheidungsträgers zum Entschluß kondensieren muß, ist es eine Grundsatzfrage des Verständnisses.

## *4.2. Komplexität*

4.2.1. Daraus folgert: Unsere Herausforderungen sind weiträumig, langfristig, *ressortübergreifend und gesamtpolitisch*, mit anderen Worten hochkomplex. Es ist unmöglich, einen Blueprint oder einen Fünfjahresplan für unsere Strategie zu entwickeln. Die einzige Vorgehensweise ist Pragmatismus, allerdings auf der Basis der sorgfältigen Bewertung jedes Schrittes mit den Kriterien unserer von mir vorhin dargelegten Ziele. Welches sind dabei die grundsätzlichen Veränderungen in den Herausforderungen, die wir bedenken müssen?

4.2.2. *Wahrscheinlichkeit und Größenordnung*

Zum Einen: Die Risiken haben *veränderte Größenordnungen und Wahrscheinlichkeiten.* Es muß uns klar sein, daß wir auf dem Wege von der Stabilität der Repression und Teilung zu einer Stabilität unter den Bedingungen der Freiheit und der Herrschaft des Rechtes durch ein Tal der Instabilität gehen müssen.

Die Wahrscheinlichkeit eines massierten und überraschenden Großangriffs ist extrem gering geworden (nahe Null, aber nicht Null), während die Wahrscheinlichkeit kleinerer

Konflikte, die aber für die Beteiligten nicht weniger folgenschwer sind, drastisch gestiegen ist. Versicherungsmathematik ist als Studienfach für Sicherheitspolitiker zu empfehlen.

4.2.3. *Systemcharakter*

Zum Zweiten: Die internationalen Beziehungen haben den *Charakter eines Systems*. Sie sind nicht länger die einfache Beziehung zwischen zwei Blöcken, sondern vielmehr ein Gefüge vielfältiger und multidimensionaler Interaktion. Alle Teile dieses multipolaren Spiels sind gegenseitig voneinander abhängig. Als System wird ein Ganzes bezeichnet, dessen Teile in wechselseitiger Abhängigkeit stehen und das *inneren Gesetzmäßigkeiten* unterliegt. Dabei ist unsere Kenntnis der Gesetzmäßigkeit keine notwendige Bedingung. System als moderner, ja Modebegriff hat viele Gesichter.

Physikalische Systeme, auch Gefechts- oder Duellsituationen, funktionieren deterministisch und prinzipiell nachvollziehbar. Sie sind deshalb prognostizierbar und geeignet für die Simulation. Politische Systeme unterliegen inneren *und* äußeren Einflüssen. Sie kommunizieren mit der Umwelt der Staaten *und* der Binnenwelt des Bürgers. Sie sind nach innen wie nach außen *"Offene Systeme"*. Sie entziehen sich in weiten Teilen der naturwissenschaftlichen Wiederholbarkeit. Diese gestiegene Komplexität der tatsächlichen und der psychologischen Faktoren ist schwer zu kalkulieren.

Das europäische Sicherheitssystem hat mannigfaltige Beziehungen zu der Welt um sich herum. Wir wissen ja noch nicht einmal, wo wir die Grenzen Europas ansetzen sollen. Sind es die der Europäischen Union, der OSZE? Gehören die Nordamerikaner europäischer Kultur und/oder die Zentralasiaten dazu?

Systeme sind in Bewegung, gewöhnlich in Richtung auf ein Gleichgewicht. Dabei kann man sowohl einen statischen Zustand, wie wir ihn z. B. in der *Stabilität von Teilung und Repression* erleben mußten, als auch einen *Zustand einer stetigen Entwicklung* als im Gleichgewicht befindlich bezeichnen.

Für den Normalbürger jedenfalls, ja sogar für die Politische Klasse muß Komplexität reduziert werden. Mancher kapituliert heute vor der Komplexität und verfährt nach dem Motto: "Kommt Zeit, kommt Selbstregulierung". Hier muß dann jedoch die doppelte Frage nach den *Grenzen der Selbstregelung* des politischen Systems und nach dem *Wertebezug, der Verantwortung des Menschen* als Steuergröße des Systems gestellt werden. Stabilität des Systems ist jedenfalls weder ein grundsätzlich positiver noch durchgängig statischer Zustand. Auch ein stetig verlaufender Prozeß kann Stabilität bedeuten.

4.2.4. *Der dynamische Prozeß*

Dieser, das dritte Charakteristikum auf dem Wege zu einem neuen europäischen System, ist noch nicht beendet. Die Entwicklung nach den revolutionären Ereignissen ist noch nicht zu einem Abschluß gekommen. Das Ziel, die Demokratie aufzubauen, die Herrschaft des Rechtes und die Soziale Marktwirtschaft einzuführen, wird zwar von allen Staaten geteilt, aber der Nachdruck und die Geschwindigkeiten der Entwicklung sind durchaus unterschiedlich. Die neuen Strukturen entwickeln sich noch. In vielen Fällen haben wir es mit objektiven Schwierigkeiten bei der Reform zu tun, in anderen beobachten wir Nostalgie und Restauration oder auch Re-Nationalisierung. Unsicherheiten bestehen fort, und deshalb muß der Prozeß Schritt für Schritt und von Fall zu Fall gefördert werden.

Die notwendige dynamische Optimierung braucht die von mir vorne genannten drei nautischen Elemente: *Das Ziel, den Kompaß und den Navigator*. Ziellosigkeit, Orientierungsverlust und Führungsverlust sind gleichermaßen abträglich. Die dynamische Entwicklung zu einem neuen und stabileren Europa braucht Zeit, Flexibilität und Geduld.

### *4.3. Strategische Vorgehensweise*

Daraus folgert für *die strategischen Grundsätze*, daß wir

- ein schrittweises Vorgehen
- mit unterschiedlichen Geschwindigkeiten
- in einer phasenabhängigen Fortentwicklung anstreben sollten, der sorgfältig in allen Schritten, an gegebenen Kriterien der übergeordneten Ziele zu orientieren ist.
- Mögliche Krisen müssen durch Frühwarnung rechtzeitig erkannt und auch durch frühe Aktion rechtzeitig eingedämmt werden.
- Nur so kann der gewünschten präventiven Aktion der Vorrang eingeräumt werden. Das Kind muß nicht immer erst in den Brunnen fallen.

Man könnte meine Empfehlung die *Strategie des grundsatztreuen Pragmatismus* nennen.

### *4.4. Stufen der strategischen Entwicklung*

Die Stufen, die je nach erreichtem Entwicklungsstand angestrebt werden könnten, entsprechen dem bekannten *Vorgehen von NATO bzw. EWG/Europäische Gemeinschaft/ Europäische Union:*

Die sich möglicherweise auch überlappenden Phasen der strategischen Entwicklung können aus der Geschichte der NATO in die Zukunft fortgeführt werden.

- Die erste Phase war *Verteidigung und Abschreckung* alleine.
- Eine zweite Phase fügte diesem mit der Harmel-Doktrin den *Dialog* mit dem möglichen Opponenten hinzu.
- *Vertrauensbildung und Rüstungskontrolle* wurden im Helsinki-Prozeß angestrebt und erreicht.
- Wir befinden uns z.Zt. in der Phase der *Kooperation,* wie sie das Neue Strategische Konzept der NATO vorsieht, das nun im NATO-Kooperationsrat und in regionaler Kooperation ausgebaut wird.
- Die echte *Partnerschaft* für den Frieden soll die nächste Phase sein.
- In klar zu definierenden Fällen geht es bis zur *Integration* in die Europäische Union und die NATO. Die Grenzen dafür und die Geschwindigkeit des Vollzuges sind unter Begriffen von System und Prozeß zu sehen.

## 5. Das Völkerrecht

5.1. Der ganze Prozeß muß von einer Stärkung der *Rolle des Völkerrechtes* und dessen gezielter Weiterentwicklung begleitet werden. Das bedeutet sowohl eine Weiterentwicklung der existierenden Regeln, als auch eine Stärkung der Institutionen, die auf deren Einhaltung zu achten haben, dabei kommt den *Vereinten Nationen* die Hauptrolle zu.

5.2. Die OSZE könnte als "regionale Abmachung" hier gerade auch in bezug auf die östliche Hälfte unseres Kontinentes wichtige Unterstützung leisten, denn in vielen Feldern sind europäische Lösungen sicher leichter und schneller zu erreichen als weltweite. Ein wichtiges Beispiel dafür ist der unterschiedliche rechtliche Charakter der Allgemeinen Erklärung der Menschenrechte der Vereinten Nationen aus dem Jahre 1948 und der Konvention über Menschenrechte und Grundfreiheiten in Europa. Letztere ist justitiabel, ja es gibt sogar einen eigenen Gerichtshof für solche Fragen.

5.3. In der Weiterentwicklung des Völkerrechtes gibt es einige erkennbare *Schwerpunkte*:

- weitere Ausgestaltung der Menschenrechte,
- der Schutz der Minderheiten
- die völkerrechtliche Regelung von Fragen des Grenzregimes und
- völkerrechtliche Grundlagen des Welthandelssystems.

5.4. Die *Legitimation für den Gebrauch von Machtmitteln* in den internationalen Beziehungen liegt ausschließlich in der Charta der Vereinten Nationen, sei es in der Form des individuellen oder kollektiven Selbstverteidigungsrechtes aufgrund des Artikels 51 der UN-Charta oder auf der Grundlage eines Mandates des Weltsicherheitsrates bzw. des delegierten Mandates auf einer Regionalorganisation nach Kapitel VIII der UN-Charta, wie z.B. die OSZE.

5.5. *Die ausführenden Organe* für die Einhaltung des Völkerrechtes können sehr unterschiedlich in ihrer Natur sein, das können Ad-hoc-Bündnisse, existierende Einrichtungen wie NATO, Europäische Union, WEU und möglicherweise auch die GUS sein. Ihre Aufgabe ist es, legitimiert durch das Völkerrecht, in potentiellen oder wirklich ausgebrochenen Konflikten zu handeln. Beide, NATO und Europäische Union, sind die *Ecksteine einer friedlichen Zukunft* und für die Gewinnung einer neuen Stabilität in Europa. Beide müssen sorgfältig gepflegt werden. Klugheit muß die Grundlage für den Ausbau der Beziehung zu anderen Partnern in der Kooperation sein.

Ein abgestuftes Verfahren zur Assoziierung und später auch Vollmitgliedschaft muß mit Geduld und Sorgfalt beachtet werden. Wir müssen sehr darauf achten, daß der Erfolg und die Stärke von NATO und Europäischer Union nicht verwässert werden. Wäre das der Fall, könnten sie ihre Rolle als Stabilitätsanker und Fundament für Vertrauen und Hoffnung, die sie heute für ganz Europa haben, in Zukunft nicht mehr spielen. NATO und Europäische Union sind Mittelpunkt der Stabilität. Um ihn herum wollen wir das eine und freie Europa schrittweise und irreversibel bauen.

5.6. Die Entwicklung ist nicht ohne Gefahren und Sorgen.

5.6.1. Die erste Gefahr liegt im *langsamen Fortschritt* bei den Reformen in Osteuropa einschließlich der noch nicht abgeschlossenen Auseinandersetzungen über die endgültige Staatenordnung in der Nachfolge der Sowjetunion und Jugoslawiens.

5.6.2. Ich fürchte, die Menschen verlieren vor allem angesichts der schlechten Wirtschaftslage langsam ihre Geduld, geben die Hoffnung auf die Demokratie und die Marktwirtschaft auf und entwickeln nostalgische Gefühle gegenüber den "guten alten Zeiten".

Eine große Versuchung ist in solchen Zeiten die teilweise schon sichtbare *Rückkehr zum Nationalismus*, ein beliebtes Mittel zur Ablenkung von inneren Problemen. Diese ansteckende Krankheit verbreitet sich nicht nur in Osteuropa. Die NATO zeigt in ihrer neuen politischen Strategie den einzigen Weg aus diesem Dilemma: Zusammenarbeit.

Wir müssen in Europa alle den richtigen Weg finden zwischen den positiven Bindungen an unser eigenes Land und unsere Heimat auf der einen Seite und der unabdingbaren Weltoffenheit für internationale Solidarität auf der anderen Seite.

5.6.3. Die Lösung liegt hier im klugen Miteinander der verschiedenen Ebenen des sicherheitspolitischen Handelns. Eine besondere Herausforderung dieser Art liegt im sorgfältigen Ausbau und der Pflege der *Beziehungen zwischen NATO und Europäischer Union* einschließlich ihres Sicherheitspfeilers WEU. Wir müssen dabei davon ausgehen, daß die Atlantische Bindung für alle Beteiligten unverzichtbar ist. Dafür gibt es viele Gründe, ich möchte hier nur feststellen, daß ich diese Bindung nicht aus nostalgischen Gründen für so wichtig halte, sondern einfach und deutlich aus der Erkenntnis heraus, daß es keine Sicherheit in Isolation geben kann, weder für Europa noch für die USA.

## 6. Schlußbemerkungen

6.1. *Neue Gefahren für Freiheit und die Herrschaft des Rechtes* tauchten auf. Territoriale und Minderheitenprobleme, Zerfall staatlicher Strukturen, Verarmung und Umweltzerstörung, international organisierte Kriminalität gefährden den Frieden in der Staatengemeinschaft.

6.2. *Das weltweite Sozialproblem* ist eine der größten Herausforderungen der Zukunft. Die Verbreitung von Massenvernichtungswaffen, auch von konventionellen Waffen und deren erweiterte Reichweiten bereiten akute Sorgen. Die Betrachtung der Herausforderungen und Risiken führt zu den einfachen Schlußfolgerungen, daß

- *erstens jedermann bedroht ist und*

- *zweitens niemand Sicherheit für sich alleine findet.*

6.3. *Die internationalen Strukturen*, die benötigt werden, um den gemeinsamen politischen Willen zu entwickeln und zum Tragen zu bringen, waren und sind vor allem in UNO, KSZE und Europäische Union unvollkommen und noch im Entstehen. Nationales Interesse scheint vielerorts vorzuherrschen.

Auch unsere innerstaatlichen Strukturen sind unzureichend auf die Bewältigung der von vielen Beteiligten betriebenen, vieldimensionalen internationalen Probleme vorbereitet.

Der Systemcharakter der internationalen Beziehungen, der Prozeßverlauf der Entwicklung zu einer neuen europäischen Ordnung und veränderte Größenordnungen und Wahrscheinlichkeiten von möglichen Konflikten tragen alle zu einer erheblichen Komplexitätssteigerung bei. Dieses vergrößert die Anforderungen an die Aufnahmefähigkeit und Urteilsfähigkeit der Verantwortlichen und an die bürgergerechte Vermittlung.

6.4. Im Bereich der *Instrumente unserer Sicherheitspolitik* finden z. Zt. bei den Streitkräften große Reduzierungs- und Restrukturierungsprozesse statt. Diese Simultanaufgabe der gleichzeitigen Reduzierung und Reform braucht klare Vorgaben, hinreichende Investitionen und vor allem ihre Zeit. Die Friedensdividende wird zu ungeduldig kassiert, und nicht immer wird dabei der Verantwortung, die der Staat für die Ausbildung und Ausrüstung seiner Soldaten hat, hinreichend Rechnung getragen.

6.5. Der Bau einer stabilen Ordnung, die die Stabilität von Freiheit, Recht und Wohlfahrt für alle Menschen an die Stelle der Stabilität von Unterdrückung und Teilung setzt, braucht *drei "essentials"*, drei Hauptsachen:

- Erstens das *Recht*, also innerstaatliche Rechtsetzung wie Völkerrecht, das die Voraussetzung für Freiheit ist,
- zweitens den *politischen Willen*, dieses Recht auch zum Tragen zu bringen und
- die *Instrumente*, die Herrschaft des Rechtes zu sichern und zu verteidigen.

6.6. Unsere Zeit der revolutionären Veränderungen in Europa und darüber hinaus verlangt die Tugend, das rechte Maß zu finden, das *Grundsatztreue und Flexibilität* miteinander verbindet. Meine Erfahrung mit Zeiten, in denen es hoch herging, ist, daß die Besinnung auf das Grundsätzliche im Vordergrund stehen muß. Konstante und Variable sorgfältig zu prüfen, ist wichtiger als hektischer Aktionismus.

6.7. *Freiheit, Recht und Wohlfahrt* sind die Voraussetzungen für *den* Frieden, den wir alle wollen. Diese Reihenfolge ist die entscheidende politische Lehre der letzten Jahrzehnte. Wenn Freiheit und Recht das oberste Ziel sind, dann kommen auch Einheit und Frieden. Was wir für unser Vaterland erreicht haben, wünschen wir uns für das ganze Europa und darüber hinaus.

6.8. Wir sollten die Hauptsachen, nämlich *den politischen Willen, das Recht und die Instrumente der Sicherheitspolitik* als zusammenhängende, in sich schlüssige und stimmige Trias auffassen, um verantwortungsvolle Sicherheitspolitik zu gestalten. Das empfindliche Gut von Sicherheit und Freiheit sollte der tagespolitischen Kurzsichtigkeit und emotionalen Stimmungslagen entzogen werden. Wenn die Bereitschaft dazu nicht vorhanden ist, bleiben die öffentlichen Bekundungen zu Freiheit und internationalem Recht im Unverbindlichen.